SOBRE A BREVIDADE DA VIDA

O livro é a porta que se abre para a realização do homem.

Jair Lot Vieira

SÊNECA
SOBRE A BREVIDADE DA VIDA

EDIÇÃO BILÍNGUE
LATIM-PORTUGUÊS

Tradução, introdução e notas
ARTUR COSTRINO
Bacharel em Letras (Latim/Português) pela USP,
mestre em Estudos Clássicos pela mesma universidade,
ph.D. em Estudos Medievais pela University of York, Reino Unido.
Atualmente é professor da graduação e da pós-graduação
do curso de Letras da Universidade Federal de Ouro Preto,
onde desenvolve pesquisa sobre a interação e a transmissão
de conceitos retóricos, filosóficos e poéticos
desde a Antiguidade até a Renascença.

Copyright da tradução e desta edição © 2020 by Edipro Edições Profissionais Ltda.

Título original: *De Brevitate Vitae*. Publicado originalmente na Roma Antiga em 49 d.C. Traduzido com base no original em latim.

Todos os direitos reservados. Nenhuma parte deste livro poderá ser reproduzida ou transmitida de qualquer forma ou por quaisquer meios, eletrônicos ou mecânicos, incluindo fotocópia, gravação ou qualquer sistema de armazenamento e recuperação de informações, sem permissão por escrito do editor.

Grafia conforme o novo Acordo Ortográfico da Língua Portuguesa.

1ª edição, 6ª reimpressão 2025.

Editores: Jair Lot Vieira e Maíra Lot Vieira Micales
Coordenação editorial: Fernanda Godoy Tarcinalli
Produção editorial: Carla Bitelli
Edição de textos: Marta Almeida de Sá
Assistente editorial: Thiago Santos
Preparação de texto: Thiago de Christo
Revisão: Tatiana Y. Tanaka Dohe
Diagramação: Estúdio Design do Livro
Arte da coleção: Mafagafo Studio
Ilustração e adaptação de capa: Marcela Badolatto | Studio Mandragora

---

Dados Internacionais de Catalogação na Publicação (CIP)
(Câmara Brasileira do Livro, SP, Brasil)

Sêneca.
    Sobre a brevidade da vida = De brevitate vitae / Sêneca ; tradução, introdução e notas de Artur Costrino. – São Paulo : Edipro, 2020.

    Edição bilíngue: português/latim.
    Título original: De Brevitate Vitae.
    ISBN 978-65-5660-016-1 (impresso)
    ISBN 978-65-5660-017-8 (e-pub)

    1. Conduta 2. Estoicos 3. Ética I. Costrino, Artur. II. Título. III. Título: De brevitate vitae.

20-41386   CDD-188

Índice para catálogo sistemático:
1. Filosofia estoica : 188

Cibele Maria Dias – Bibliotecária – CRB-8/9427

São Paulo: (11) 3107-7050 • Bauru: (14) 3234-4121
www.edipro.com.br • edipro@edipro.com.br
@editoraedipro   @editoraedipro

SUMÁRIO

Nota do tradutor   7

Introdução   9

SOBRE A BREVIDADE DA VIDA   15

NOTA DO TRADUTOR

O tratado aqui apresentado faz parte de um *corpus* filosófico de pequenos textos sobre temas variados que visavam a uma abordagem estoica. O estoicismo era uma corrente filosófica bastante cultivada em Roma (tendo como maiores expoentes o próprio Sêneca e o imperador Marco Aurélio); buscava, grosso modo, o controle absoluto dos sentimentos de modo que a razão pudesse prevalecer e guiar a vida humana.

Sobre a brevidade da vida foi escrito entre os anos 49 e 55 da nossa era. Neste pequeno texto, Sêneca argumenta que a nossa ideia de que a vida é curta está equivocada, pois, em verdade, damos importância demasiada às coisas erradas. Buscar prazeres a todo momento turva nossa compreensão das coisas e nos faz pensar que uma vida bem-sucedida é aquela em que se acumulou o maior número de experiências prazerosas. Todavia, as pessoas devem observar o valor do tempo, reivindicá-lo para si (não para os prazeres momentâneos) e saber alocar a devida importância a ele.

Nesta edição traduzida diretamente do latim, usamos o texto estabelecido por John W. Basore. Esperamos que as notas explicativas sirvam para elucidar ao leitor algumas particularidades da história e política de Roma usadas por Sêneca em seu livro, porém com a convicção de que, à exceção de uma ou outra passagem, o texto senequiano é lição permanente e premente que nos convida a repensar nossos tempos e nossas vidas.

INTRODUÇÃO

Non est ad astra mollis e terris via.
Não é fácil o caminho da terra aos astros.
(SÊNECA, *HÉRCULES FURIOSO*, v. 437)

Lúcio Aneu Sêneca é um nome incontornável quando pensamos na filosofia e na literatura antiga. Nascido por volta do ano 1 a.C., foi o segundo de três filhos do escritor de quem herdou o nome, conhecido como Sêneca, o Velho, ou Sêneca, o Rétor. Sua família era abastada, de classe equestre e proveniente da região onde hoje fica Córdoba, na Espanha. Seu pai, mencionado anteriormente, escreveu uma história de Roma que até pouquíssimo tempo atrás permaneceu perdida e também um conjunto de cartas endereçadas aos três filhos sobre rétores e a atividade declamatória na sua época de juventude, durante meados do século I a.C. Sua mãe chamava-se Hélvia, possivelmente de ascendência hispânica. Seu irmão mais velho, Aneu Novato, foi um político de sucesso em Roma e chegou a ocupar o cargo de procônsul de Acaia, onde encontraria o apóstolo Paulo (*Atos* 18, 12). Sêneca ainda tinha um irmão mais novo, Aneu Mela, em quem o pai havia depositado maior esperança para uma carreira na filosofia (*Controvérsias* II, pref. 3-4), mas que acabou se retirando da vida pública ainda jovem; foi pai do famoso poeta Lucano.

Sêneca e seus irmãos foram para Roma jovens e deram início à educação que costumava levar jovens abastados a ter uma carreira como políticos ou oradores. No decorrer de seus estudos, os alunos eram apresentados e estimulados a refletir a respeito de muitas obras literárias, históricas e exercícios retóricos, um dos quais a declamação, sobre a qual seu pai haveria de escrever a respeito. Paralelamente, Sêneca também teve muitos professores de filosofia, tanto latinos como gregos, que lhe apresentaram doutrinas variadas, certamente componentes do cabedal filosófico dos seus textos, mesmo sendo o estoicismo, para ele, a mais cara dessas doutrinas.

Sêneca trilhou a carreira política por onze anos, ao passo que escrevia suas primeiras obras filosóficas, físicas e literárias. Chegou a ocupar o cargo de questor quando intrigas palacianas com o imperador Calígula quase o condenaram à morte. Após a morte de Gaio Calígula e a ascensão de Cláudio à cabeça do império, Sêneca foi condenado ao exílio por um suposto crime de adultério envolvendo Julia Livila, uma das irmãs de Calígula. Permaneceu exilado na Córsega até o ano 49, quando Agripina, a mãe do imperador Nero, conseguiu uma permissão para que Sêneca retornasse a Roma, servisse de tutor ao filho e ocupasse o cargo de pretor.

O exílio talvez tenha tido uma causa maior do que apenas a acusação de adultério. Sugeriu-se que as visões de Sêneca sobre o tipo de governo que se desenvolvia em Roma foram, de fato, as causadoras da ira de Calígula. Afinal, em seus textos escritos durante o exílio, Sêneca advoga por um governo menos autocrático e, inclusive, elogia duas proeminentes figuras que se opuseram a Júlio César: Marco Júnio Bruto e Marco Cláudio Marcello. Esse posicionamento sem dúvida não combinaria com o estilo de governo proposto por seu pupilo, Nero.

De acordo com Suetônio (*Vida de Nero*, 52), o futuro imperador não recebeu aulas de filosofia de Sêneca, pois sua mãe, Agripina, julgava que esses estudos fossem inapropriados à posição de cabeça do império. Assim, no ano 54, Nero tornou-se imperador aos 17 anos, e seus principais conselheiros eram Sêneca e Sexto Afrânio Burro. Sêneca escrevia discursos para o imperador, bem como influenciava em posições políticas dos rumos do império.

Em seu primeiro discurso no Senado, por exemplo, Nero declarou que planejava restaurar os poderes daquela instância, que haviam se corroído com o tempo, numa tentativa de retornar a importância do Senado como fora durante o principado de Augusto.

Apesar dos sucessos que os primeiros cinco anos de principado de Nero angariaram, muito devido ao trabalho que realizavam seus preceptores, um acontecimento no ano 59 demarcou a queda da influência destes sobre o imperador. Nero, que já havia anteriormente envenenado seu irmão mais novo, Britânico, agora tentara assassinar a própria mãe. Depois disso, os conselhos de Sêneca e Burro descenderam quase às portas da insignificância.

Com a morte de Burro em 62, Sêneca se retirou da vida pública e passou a desfrutar de seu tempo dedicando-se à vida entre as letras. Foi possivelmente nesse período que escreveu sua obra mais conhecida: *Cartas a Lucílio*. No entanto, não teve muito tempo para aproveitar sua aposentadoria do mundo político, já que no ano 65 Nero foi vítima da conspiração pisoniana e, embora Sêneca não tivesse envolvimento, ela serviu de pretexto para que o imperador ordenasse a execução do filósofo.

Em sua morte, Sêneca buscou a dignidade dos exemplos de filósofos do passado que haviam lhe servido de modelo por toda a vida. Assim, tal como Sócrates, Sêneca recebeu seus amigos, bebeu veneno e passou seus últimos momentos discutindo a respeito da imortalidade da alma.

Artur Costrino

BIBLIOGRAFIA

Sêneca. *Dialogues and Essays*. Translated by John Davies with introduction by Tobias Reinhardt. Oxford: Oxford University Press, 2007.

Sêneca. *Moral Essays*: volume 2. John W. Basore. London and New York: Heinemann, 1932.

Sêneca. *Sobre a brevidade da vida*. Tradução, notas e introdução de William Li. São Paulo: Nova Alexandria, 1997.

Sêneca. *Sobre a brevidade da vida/Sobre a firmeza do sábio*. Tradução, introdução e notas de José Eduardo dos Santos Lohner. São Paulo: Penguim e Companhia das Letras, 2017.

A Paulino

DE
BREVITATE
VITAE

SOBRE A BREVIDADE DA VIDA

I. 1. Maior pars mortalium, Pauline, de naturae malignitate conqueritur, quod in exiguum aeui gignimur, quod haec tam uelociter, tam rapide dati nobis temporis spatia decurrant, adeo ut exceptis admodum paucis ceteros in ipso uitae apparatu uita destituat. Nec huic publico, ut opinantur, malo turba tantum et imprudens uulgus ingemuit; clarorum quoque uirorum hic affectus querellas euocauit. 2. Inde illa maximi medicorum exclamatio est: "uitam breuem esse, longam artem". Inde Aristotelis cum rerum natura exigentis minime conueniens sapienti uiro lis: "aetatis illam animalibus tantum indulsisse, ut quina aut dena saecula educerent, homini in tam multa ac magna genito tanto citeriorem terminum stare".

I. 1. A maior parte dos mortais, Paulino,[1] lamenta-se sobre a maldade da natureza, porque nascemos para viver poucos anos, e este espaço de tempo que nos é dado passa tão rápido, tão velozmente, que, com poucas exceções, a vida abandona os demais enquanto ainda se preparam para viver. E não foram, como acreditam, apenas a multidão e o povo insensato que sofreram por esse mal comum: o sentimento evocou reclamações também de homens ilustres. 2. Por isso aquela famosa máxima do maior dos médicos: "a vida é breve, a arte, longa".[2] Por isso a queixa de Aristóteles, pouco conveniente a um homem sábio, quando criticou a natureza: "ela concedeu aos animais tanto tempo que podem durar cinco ou dez gerações, mas ao homem, nascido para grandes e muitas realizações, ela estabeleceu um limite muito mais breve".[3]

---

1. Pompeio Paulino, membro da ordem equestre, proveniente de Arles. Foi responsável pela distribuição de grãos em Roma entre os anos de 48 e 55 d.C.
2. Hipócrates, *Aforismos*, 1.1.
3. Não temos a obra da qual Sêneca supostamente retirou a citação. No entanto, Cícero, em suas *Disputas Tusculanas*, atribuiu citação quase idêntica a Teofrasto, discípulo e sucessor de Aristóteles como chefe da escola peripatética. Não sabemos se Sêneca se confundiu ou trocou o autor da citação propositalmente. Vale ressaltar que o conceito de "autoria" na Antiguidade era diferente do nosso, de modo que é possível atribuir ao nome mais expoente de determinada escola uma citação composta por algum outro membro dessa escola.

3. Non exiguum temporis habemus, sed multum perdidimus. Satis longa uita et in maximarum rerum consummationem large data est, si tota bene collocaretur; sed ubi per luxum ac neglegentiam diffluit, ubi nulli bonae rei impenditur, ultima demum necessitate cogente, quam ire non intelleximus transisse sentimus. 4. Ita est: non accipimus breuem uitam sed fecimus, nec inopes eius sed prodigi sumus. Sicut amplae et regiae opes, ubi ad malum dominum peruenerunt, momento dissipantur, at quamuis modicae, si bono custodi traditae sunt, usu crescunt: ita aetas nostra bene disponenti multum patet.

3. Não temos pouco tempo, mas desperdiçamos muito. A vida é longa o suficiente e nos foi dada generosamente para a realização das mais altas empreitadas, se toda ela for bem empregada; mas quando se dissipa no luxo e na negligência, quando se gasta em nada de bom, só então, constrangidos pelo fim inescapável, sentimos que passou enquanto não percebíamos que passava. 4. É assim: não recebemos uma vida breve, mas a tornamos; e não somos carentes, mas pródigos. Do mesmo modo, quando uma enorme e régia riqueza chega às mãos de um mau dono, perde-se em um único instante; mas uma riqueza, ainda que módica, se for entregue a um bom guardião, cresce com o seu próprio uso, assim também a nossa existência muito se expande para quem dispõe bem dela.

II. 1. Quid de rerum natura querimur? Illa se benigne gessit: uita, si uti scias, longa est. [At] alium insatiabilis tenet auaritia; alium in superuacuis laboribus operosa sedulitas; alius uino madet, alius inertia torpet; alium defetigat ex alienis iudiciis suspensa semper ambitio, alium mercandi praeceps cupiditas circa omnis terras, omnia maria spe lucri ducit; quosdam torquet cupido militiae numquam non aut alienis periculis intentos aut suis anxios; sunt quos ingratus superiorum cultus uoluntaria seruitute consumat; 2. multos aut affectatio alienae formae aut suae querella detinuit; plerosque nihil certum sequentis uaga et inconstans et sibi displicens leuitas per noua consilia iactauit; quibusdam nihil quo cursum derigant placet, sed marcentis oscitantisque fata deprendunt, adeo ut quod apud maximum poetarum more oraculi dictum est uerum esse non dubitem: "Exigua pars est uitae qua uiuimus". Ceterum quidem omne spatium non uita sed tempus est. 3. Urgent et circumstant uitia undique nec resurgere aut in dispectum ueri attollere oculos sinunt. Et immersos et in cupiditatem infixos premunt, numquam illis recurrere ad se licet. Si quando aliqua fortuito quies contigit, uelut profundo mari, in quo post uentum quoque uolutatio est, fluctuantur nec umquam illis a cupiditatibus suis otium stat.

II. 1. Por que reclamamos da natureza? Ela se comporta com bondade; a vida, se você sabe como usá-la, é longa. Porém, um é preso por uma avareza insaciável; outro, por um empenho ativo em atividades supérfluas; um é encharcado pelo vinho; outro, entorpecido pela ignorância; um, exaurido por uma ambição que sempre depende do juízo dos outros; outro, conduzido por um desejo incessante por todas as terras e todos os mares na esperança de lucro; alguns são atormentados pelo amor às armas, constantemente tentando levar perigos aos outros ou tementes que outros levem perigos a si; há aqueles que, por um servilismo voluntário, são consumidos pelo culto aos seus superiores ingratos; 2. muitos se detêm na perseguição à sorte alheia ou no lamento quanto à sua própria; a maior parte, que não busca nada em específico, jogou-se em meio a novos projetos por uma leveza inconstante, vaga e displicente consigo mesma; a alguns nada que possa lhes ditar um caminho agrada, e o destino os surpreende despreparados e bocejantes, tanto que eu não posso duvidar que seja verdade aquilo que foi dito pelo maior dos poetas, à maneira de um oráculo: "pequena é a parte da vida em que vivemos".[4] 3. Tudo que resta, de fato, não é vida, mas tempo. Vícios urgem e nos cercam por todos os lados, não nos permitem emergir ou mover os olhos em busca da verdade, mas nos empurram imersos e presos em direção ao desejo. Nunca lhes é permitido voltar a si mesmos; se alguma vez, por acaso, algum sossego os toca, eles se agitam como se em alto-mar em que depois do vento ainda há turbulência, pois seus desejos nunca lhes dão repouso.

---

4. Difícil precisar a qual poeta Sêneca se refere. Geralmente o título de "maior dos poetas" pertence a Homero, mas a passagem em questão não nos é conhecida.

4. De istis me putas dicere, quorum in confesso mala sunt? Aspice illos ad quorum felicitatem concurritur: bonis suis effocantur. Quam multis diuitiae graues sunt! Quam multorum eloquentia et cotidiana ostentandi ingenii sollicitatio sanguinem educit! Quam multi continuis uoluptatibus pallent! Quam multis nihil liberi relinquit circumfusus clientium populus! Omnis denique istos ab infimis usque ad summos pererra: hic aduocat, hic adest, ille periclitatur, ille defendit, ille iudicat, nemo se sibi uindicat, alius in alium consumitur. Interroga de istis quorum nomina ediscuntur, his illos dinosci uidebis notis: ille illius cultor est, hic illius; suus nemo est. 5. Deinde dementissima quorundam indignatio est: queruntur de superiorum fastidio, quod ipsis adire uolentibus non uacauerint! Audet quisquam de alterius superbia queri, qui sibi ipse numquam uacat? Ille tamen te, quisquis es, insolenti quidem uultu sed aliquando respexit, ille aures suas ad tua uerba demisit, ille te ad latus suum recepit: tu non inspicere te umquam, non audire dignatus es. Non est itaque quod ista officia cuiquam imputes, quoniam quidem, cum illa faceres, non esse cum alio uolebas, sed tecum esse non poteras.

4. Pensa que falo sobre aqueles cujos crimes são conhecidos? Repara naqueles cuja felicidade todos se juntam para ver; são sufocados por sua própria prosperidade. Quantos acham a riqueza um fardo! Quantos perdem sangue por causa da eloquência e necessidade cotidiana de exibir o seu talento! Quantos empalidecem por causa de volúpias desenfreadas! Quantos deixam de ser livres por conta da quantidade de clientes que os cercam! Finalmente observa todos estes, desde os mais humildes aos mais poderosos: estes procuram quem os represente, aqueles aceitam, o outro é julgado, outro o defende, aquele julga, ninguém faz caso de si mesmo, um se consome no outro. Busca saber sobre estes cujos nomes são conhecidos de cor, verás que eles se distinguem pelos seguintes fatores: um segue fulano, sicrano segue beltrano, ninguém é de si próprio. 5. Portanto é completamente insana a indignação de alguns: reclamam por causa do desprezo dos superiores, porque estes não tiveram tempo quando queriam ter com eles! Alguém que nunca tem tempo para si mesmo ousa reclamar da soberba de outro? No entanto, de tempos em tempos, aquele olhou para você; quem quer que você seja, ainda que um semblante insolente, ele emprestou os ouvidos às suas palavras, deu-lhe um lugar a seu lado: mas você nunca lhe dignou olhar para si ou ouvir a si mesmo. Portanto não há motivo para que impute a alguém essas obrigações, uma vez que, quando você as fazia, não era porque queria a companhia de outro, mas porque não poderia estar consigo mesmo.

III. 1. Omnia licet quae umquam ingenia fulserunt in hoc unum consentiant, numquam satis hanc humanarum mentium caliginem mirabuntur: praedia sua occupari a nullo patiuntur et, si exigua contentio est de modo finium, ad lapides et arma discurrunt; in uitam suam incedere alios sinunt, immo uero ipsi etiam possessores eius futuros inducunt; nemo inuenitur qui pecuniam suam diuidere uelit, uitam unusquisque quam multis distribuit! Adstricti sunt in continendo patrimonio, simul ad iacturam temporis uentum est, profusissimi in eo cuius unius honesta auaritia est. 2. Libet itaque ex seniorum turba comprendere aliquem: "Peruenisse te ad ultimum aetatis humanae uidemus, centesimus tibi uel supra premitur annus: agedum, ad computationem aetatem tuam reuoca. Duc quantum ex isto tempore creditor, quantum amica, quantum rex, quantum cliens abstulerit, quantum lis uxoria, quantum seruorum coercitio, quantum officiosa per urbem discursatio; adice morbos quos manu fecimus, adice quod et sine usu iacuit: uidebis te pauciores annos habere quam numeras. 3. Repete memoria tecum quando certus consilii fueris, quotus quisque dies ut destinaueras recesserit, quando tibi usus tui fuerit, quando in statu suo uultus, quando animus intrepidus, quid tibi in tam longo aeuo facti operis sit, quam multi uitam tuam diripuerint te non sentiente quid perderes, quantum uanus dolor, stulta laetitia, auida cupiditas, blanda conuersatio abstulerit, quam exiguum tibi de tuo relictum sit: intelleges te immaturum mori."

III. 1. É possível que todos os talentos que algum dia brilharam concordem apenas em uma única coisa: nunca se espantarão o suficiente diante desta neblina das mentes humanas. Não permitem que ninguém ocupe seus imóveis e, se há uma pequena disputa sobre o limite de suas propriedades, correm às armas e às pedras; mas permitem que outros se intrometam em sua vida, e até mesmo convidando aqueles que serão donos dela. Não se encontra ninguém que queira dividir seu dinheiro; já a vida, quanto cada um entre muitos a distribui! São sovinas quando se trata de gastar o patrimônio, ao passo que, com relação a gastar o tempo, são perdularíssimos com a única coisa em que é justo ser avarento. 2. Assim eu gostaria de abordar uma pessoa dentre aquelas de mais idade: "vemos que o senhor chegou a uma idade bem avançada, pesam-lhe cem anos ou mais; vamos, rememora seus anos para que os avalie. Relembre quanto do seu tempo foi tirado de você por um credor, quanto por uma amante, um rei, um cliente, quanto por brigas com a esposa, por punição aos servos, por transitar pela cidade a trabalho. Acrescente as doenças, as quais fazemos com nossas próprias mãos, acrescente também o quanto passou sem fazer nada; verá que você tem menos anos do que conta. 3. Traga de volta à sua memória as vezes em que tinha um plano concreto, quantos dias procederam como imaginava, quando usou o tempo para você mesmo, quando seu rosto repousou naturalmente, quando seu ânimo foi destemido, que obra realizou em tão longo tempo, como muitos extirparam a sua vida enquanto você não percebia o que estava perdendo, quanto você perdeu por uma dor vazia, uma alegria boba, um desejo ávido, uma conversa falsa, quão pouco de você foi deixado daquilo que era? Você entenderá que morria de modo prematuro".

4. Quid ergo est in causa? Tamquam semper uicturi uiuitis, numquam uobis fragilitas uestra succurrit, non obseruatis quantum iam temporis transierit; uelut ex pleno et abundanti perditis, cum interim fortasse ille ipse qui alicui uel homini uel rei donatur dies ultimus sit. Omnia tamquam mortales timetis, omnia tamquam immortales concupiscitis. 5. Audies plerosque dicentes: "A quinquagesimo anno in otium secedam, sexagesimus me annus ab officiis dimittet". Et quem tandem longioris uitae praedem accipis? Quis ista sicut disponis ire patietur? Non pudet te reliquias uitae tibi reseruare et id solum tempus bonae menti destinare quod in nullam rem conferri possit? Quam serum est tunc uiuere incipere cum desinendum est? Quae tam stulta mortalitatis obliuio in quinquagesimum et sexagesimum annum differre sana consilia et inde uelle uitam inchoare quo pauci perduxerunt?

4. Qual é então a causa disso? Vocês vivem como se fossem viver para sempre, a sua fragilidade nunca os socorreu, não observaram quanto tempo já havia transcorrido; mas o desperdiçam como se sua fonte fosse cheia e transbordante, nesse ínterim, aquele mesmo dia que é doado a uma outra pessoa, a uma outra coisa, talvez seja o último. Vocês temem tudo sendo mortais, e desejam tudo como se fossem imortais. 5. Você ouvirá muitos que dirão: "quando eu tiver cinquenta anos me aposentarei, aos sessenta anos, me retirarei dos cargos". E quem garante que terá uma vida tão longa? Quem aceitará que as coisas aconteçam de acordo com o que deseja? Não sente vergonha por reservar para si essas sobras de vida e destinar ao exercício da boa mente apenas este tempo que não podia ser usado para mais nada? Quão atrasado é começar a viver quando a vida está para terminar! Como é estúpido esse esquecimento da mortalidade e deixar os melhores planos para os cinquenta e sessenta anos e ainda querer começar a vida em um ponto ao qual poucos chegaram!

IV.

1. Potentissimis et in altum sublatis hominibus excidere uoces uidebis quibus otium optent, laudent, omnibus bonis suis praeferant. Cupiunt interim ex illo fastigio suo, si tuto liceat, descendere; nam ut nihil extra lacessat aut quatiat, in se ipsa fortuna ruit. 2. Diuus Augustus, cui dii plura quam ulli praestiterunt, non desiit quietem sibi precari et uacationem a re publica petere; omnis eius sermo ad hoc semper reuolutus est, ut speraret otium: hoc labores suos, etiam si falso, dulci tamen oblectabat solacio, aliquando se uicturum sibi. 3. In quadam ad senatum missa epistula, cum requiem suam non uacuam fore dignitatis nec a priore gloria discrepantem pollicitus esset, haec verba inueni: "Sed ista fieri speciosius quam promitti possunt. Me tamen cupido temporis optatissimi mihi prouexit, ut quoniam rerum laetitia moratur adhuc, praeciperem aliquid uoluptatis ex uerborum dulcedine". 4. Tanta uisa est res otium, ut illam, quia usu non poterat, cogitatione praesumeret. Qui omnia uidebat ex se uno pendentia, qui hominibus gentibusque fortunam dabat, illum diem laetissimus cogitabat quo magnitudinem suam exueret.

IV. 1. Verás que os homens mais poderosos e em postos mais elevados emitem opiniões em que buscam o ócio, louvam-no e dizem preferi-lo a todas as coisas boas. De tempos em tempos desejam descer daquele seu frontão, se se puder fazê-lo com segurança, pois ainda que nada externo a abale ou danifique, a própria sorte rui em si mesma. 2. O divino Augusto,[5] a quem os deuses presentearam mais do que a qualquer outro, não cessou de solicitar quietude para si e férias da administração pública; tudo que dizia sempre voltava a este assunto: sua esperança pelo ócio. Ele se distraía de seus trabalhos por meio deste doce consolo, ainda que fosse falso, de que um dia viveria para si mesmo. 3. Em certa carta enviada para o senado,[6] em que havia prometido que seu descanso não seria sem dignidade ou discrepante de sua antiga glória, eu encontrei estas palavras: "mas estas coisas podem ser prometidas mais ilusoriamente do que realizadas. Todavia, já que a alegria ainda tarda, meu desejo por este tempo tão querido me forçou a antecipar algo desse prazer através da doçura das palavras". 4. Ele tinha o ócio em tão alta conta que, por não poder gozá-lo de fato, fazia-o em pensamento antecipadamente. Aquele que via que todas as coisas dependiam apenas de si, que decidia a sorte de pessoas e povos, pensava sobre aquele dia felicíssimo em que deixaria sua grandeza.

---

5. Nascido Gaius Octavius, sobrinho-neto e filho adotivo de Júlio César, foi um político e militar romano. Tornou-se o primeiro imperador de Roma no ano 27 a.C. e governou até sua morte, no ano 14 d.C.
6. Era comum a comunicação entre imperador e senado por meio de cartas, quando este não podia estar presente. Sêneca é a única testemunha desta suposta carta.

5. Expertus erat quantum illa bona per omnis terras fulgentia sudoris exprimerent, quantum occultarum sollicitudinum tegerent: cum ciuibus primum, deinde cum collegis, nouissime cum affinibus coactus armis decernere mari terraque sanguinem fudit. Per Macedoniam, Siciliam, Aegyptum, Syriam Asiamque et omnis prope oras bello circumactus Romana caede lassos exercitus ad externa bella conuertit. Dum Alpes pacat immixtosque mediae paci et imperio hostes perdomat, dum [ut] ultra Rhenum et Euphraten et Danuuium terminos mouet, in ipsa urbe Murenae, Caepionis Lepidi, Egnati, aliorum in eum mucrones acuebantur. 6. Nondum horum effugerat insidias: filia et tot nobiles iuuenes adulterio uelut sacramento adacti iam infractam aetatem territabant Paulusque et iterum timenda cum Antonio mulier. Haec ulcera cum ipsis membris absciderat: alia subnascebantur; uelut graue multo sanguine corpus parte semper aliqua rumpebatur. Itaque otium optabat, in huius spe et cogitatione labores eius residebant, hoc uotum erat eius qui uoti compotes facere poterat.

5. Ele havia experimentado quanto suor haviam arrancado todas aquelas coisas boas que brilhavam por todas as terras, quanta preocupação estava por trás. Foi forçado às armas primeiro contra seus concidadãos, depois contra seus colegas e, por último, contra sua família; derramou sangue por terra e mar. Foi levado à guerra na Macedônia, Sicília, Egito, Síria, Ásia e em quase todos os lugares; ele voltou seus exércitos para as guerras externas quando estes se cansaram de derramar sangue romano. Enquanto apaziguava os Alpes e domava inimigos assentados no meio da paz e do império, enquanto expandia os limites para além do Reno, do Eufrates e do Danúbio, em sua própria cidade afiavam-se as lâminas de Murena, Cepião, Lépido, Egnácio e de outros contra ele.[7] 6. Ainda não havia escapado das insídias deles quando sua filha[8] e todos os jovens nobres, presos ao adultério como que a um juramento, aterrorizavam a sua já frágil idade, como também Iulo e ainda uma temível mulher ligada a Antônio.[9] Ele cortou essas úlceras, junto com os próprios membros: outros nasceriam; assim como um corpo com excesso de sangue, sempre alguma parte se rompia. Por isso desejava o ócio, e nesta esperança e neste pensamento residiam seus trabalhos; esta era a vontade daquele que podia atender às vontades de outros.

---

7. Principais conspiradores contra Augusto entre os anos de 20 e 22 a.C.
8. Júlia, primeira filha de Augusto, foi acusada de adultério e exilada pelo pai.
9. Iulo, segundo filho de Marco Antônio e Fúlvia, foi condenado à morte por adultério em 2 a.C.

V. 1. M. Cicero inter Catilinas, Clodios iactatus Pompeiosque et Crassos, partim manifestos inimicos, partim dubios amicos, dum fluctuatur cum re publica et illam pessum euntem tenet, nouissime abductus, nec secundis rebus quietus nec aduersarum patiens, quotiens illum ipsum consulatum suum non sine causa sed sine fine laudatum detestatur! 2. Quam flebiles uoces exprimit in quadam ad Atticum epistula iam uicto patre Pompeio, adhuc filio in Hispania fracta arma refouente! "Quid agam", inquit, "hic, quaeris? Moror in Tusculano meo semiliber." Alia deinceps adicit, quibus et priorem aetatem complorat et de praesenti queritur et de futura desperat. 3. Semiliberum se dixit Cicero: at me hercules numquam sapiens in tam humile nomen procedet, numquam semiliber erit, integrae semper libertatis et solidae, solutus et sui iuris et altior ceteris. Quid enim supra eum potest esse qui supra fortunam est?

V. 1. Marco Cícero, lançado entre Catilinas, Clódios, Pompeus e Crassos, uns inimigos manifestos, outros amigos dúbios, enquanto era sacudido junto com a república e tentava colocá-la em uma rota segura, por fim ele naufragou, nem tranquilo quando as coisas iam bem nem paciente nas adversidades, quantas vezes amaldiçoa aquele mesmo consulado dele, o qual ele louvava não sem razão, mas sem fim![10] 2. Que palavras tristes ele emprega em uma certa carta para Ático,[11] depois de derrotado Pompeu, o pai, quando o filho ainda tentava reviver, na Hispânia, os exércitos despedaçados! "Quer saber", ele pergunta, "o que faço aqui? Cumpro tempo em minha vila em Túsculo, semilivre". Depois ele acrescenta outras palavras, com as quais tanto lamenta os tempos passados como se queixa do presente, e ainda se desespera quanto ao futuro. 3. Cícero se diz semilivre. Mas, por Hércules, a um sábio nunca recairá um termo tão baixo, nunca será semilivre aquele de liberdade íntegra e sólida, livre, dono de si mesmo e mais alto que os demais. Pois o que pode estar acima de alguém que está acima da sorte?

---

10. Marco Túlio Cícero foi um orador, político, escritor, poeta, filósofo e cônsul romano no ano de 63 a.C. Durante seu consulado, enfrentou a conspiração de Sergius Catilina, ponto alto de seu governo. Cícero serviu como testemunha de acusação contra Clódio em 61 a.C. num julgamento sobre a profanação de rituais de *Bona Dea*. Em contrapartida, Clódio teve papel importante na condenação de Cícero ao exílio em 58 a.C. sob a acusação de executar cidadãos romanos sem julgamento durante a conspiração de Catilina. Pompeu e Crasso não se empenharam tanto quanto podiam em ajudar Cícero em sua condenação ao exílio.
11. Sêneca é a única fonte de que dispomos para essa carta.

VI.

1. Liuius Drusus, uir acer et uehemens, cum leges nouas et mala Gracchana mouisset stipatus ingenti totius Italiae coetu, exitum rerum non peruidens, quas nec agere licebat nec iam liberum erat semel incohatas relinquere, exsecratus inquietam a primordiis uitam dicitur dixisse: uni sibi ne puero quidem umquam ferias contigisse. Ausus est enim et pupillus adhuc et praetextatus iudicibus reos commendare et gratiam suam foro interponere tam efficaciter quidem, ut quaedam iudicia constet ab illo rapta. 2. Quo non erumperet tam immatura ambitio? Scires in malum ingens et priuatum et publicum euasuram tam praecoquem audaciam. Sero itaque querebatur nullas sibi ferias contigisse a puero seditiosus et foro grauis. Disputatur an ipse sibi manus attulerit; subito enim uulnere per inguen accepto collapsus est, aliquo dubitante an mors eius uoluntaria esset, nullo an tempestiua.

VI.

1. Lívio Druso,[12] homem violento e vigoroso, depois de ter promovido novas leis, tão más quanto às dos Graccho,[13] apoiado por uma enorme multidão de toda a Itália, não vendo uma saída para a situação, a qual não podia levar adiante, mas também, uma vez que já iniciada, não era livre para abandonar, conta-se que execrava sua vida desde o princípio, dizia que somente ele nunca tinha tido tempo de descanso, nem quando criança. De fato, ele ousava, ainda jovem e de toga pretexta, fazer recomendações aos juízes a respeito dos réus e impor sua influência no fórum de modo tão eficaz que parece ter ganhado algumas causas. 2. Onde mais poderia dar ambição tão prematura? Você poderia prever que uma audácia tão precoce acabaria dando em um mal enorme, tanto público como privado. Então muito tarde ele se queixava de nunca ter tido descanso, já que desde criança era desordeiro e oneroso para o fórum. Discute-se se ele teria tirado a própria vida; de fato, morreu repentinamente depois de um ferimento na virilha. Se alguns hesitavam em acreditar que a morte dele tivesse sido voluntária, ninguém questionava se fora oportuna.

---

12. Marco Lívio Druso foi tribuno da plebe em 91 a.C. e famoso por instituir diversas reformas legislativas, dentre elas a concessão de cidadania romana a italianos aliados.
13. Tibério Graccho e Gaio Graccho foram irmãos romanos que serviram como tribunos da plebe nos anos 133 e 121 a.C. Tentaram reformas legislativas que alteravam a posse dos terrenos públicos, tirando-os da aristocracia e concedendo-os aos pobres e veteranos de guerra. Foram assassinados por membros da aristocracia.

3. Superuacuum est commemorare plures qui, cum aliis felicissimi uiderentur, ipsi in se uerum testimonium dixerunt perosi omnem actum annorum suorum; sed his querellis nec alios mutauerunt nec se ipsos: nam cum uerba eruperunt, affectus ad consuetudinem relabuntur. 4. Vestra me hercules uita, licet supra mille annos exeat, in artissimum contrahetur: ista uitia nullum non saeculum deuorabunt; hoc uero spatium, quod quamuis natura currit ratio dilatat, cito uos effugiat necesse est; non enim apprenditis nec retinetis uel ocissimae omnium rei moram facitis, sed abire ut rem superuacuam ac reparabilem sinitis.

3. É supérfluo relembrar os demais, que outrora pareciam felicíssimos para os outros, mas eles próprios deram testemunho contra si mesmos de odiar plenamente tudo por toda a vida; mas com esses lamentos não mudaram nem os outros nem a si mesmos. Logo que pronunciavam essas palavras, seu sentimento os arrastava de volta ao hábito. 4. Sua vida, por Hércules, ainda que ultrapasse os mil anos, vai se confinar em um período estreitíssimo; esses vícios, por outro lado, não deixarão de devorar nenhum século. De fato, este espaço que, embora a natureza o faça correr e a razão o expanda, fatalmente há de escapar-lhes. Vocês não podem atrasar, capturar ou reter a coisa mais veloz que há, mas permitem que ela parta como algo supérfluo e renovável.

VII.

1. In primis autem et illos numero qui nulli rei nisi uino ac libidini uacant; nulli enim turpius occupati sunt. Ceteri, etiam si uana gloriae imagine teneantur, speciose tamen errant; licet auaros mihi, licet iracundos enumeres uel odia exercentes iniusta uel bella, omnes isti uirilius peccant: in uentrem ac libidinem proiectorum inhonesta tabes est. 2. Omnia istorum tempora excute, aspice quam diu computent, quam diu insidientur, quam diu timeant, quam diu colant, quam diu colantur, quantum uadimonia sua atque aliena occupent, quantum conuiuia, quae iam ipsa officia sunt: uidebis quemadmodum illos respirare non sinant uel mala sua vel bona. 3. Denique inter omnes conuenit nullam rem bene exerceri posse ab homine occupato, non eloquentiam, non liberales disciplinas, quando districtus animus nihil altius recipit sed omnia uelut inculcata respuit. Nihil minus est hominis occupati quam uiuere: nullius rei difficilior scientia est. Professores aliarum artium uulgo multique sunt, quasdam uero ex his pueri admodum ita percepisse uisi sunt, ut etiam praecipere possent: uiuere tota uita discendum est et, quod magis fortasse miraberis, tota uita discendum est mori. 4. Tot maximi uiri, relictis omnibus impedimentis, cum diuitiis, officiis, uoluptatibus renuntiassent, hoc unum in extremam usque aetatem egerunt ut uiuere scirent; plures tamen ex his nondum se scire confessi uita abierunt, nedum ut isti sciant.

VII.

1. Pois bem, conto entre os primeiros aqueles que não querem nada além de vinho e libertinagem; de fato, não há ocupação mais torpe. Outros, ainda que se prendam à imagem vã da glória, pelo menos erram de modo belo; você pode listar para mim os avarentos, os iracundos ou os que praticam o ódio injusto ou as guerras, todos estes erram de modo viril; são baixas as desonestidades dos que se lançam ao ventre e à libertinagem. 2. Avalie todo o tempo destes, repare o tanto que contam migalhas, o tanto que preparam armadilhas, o tanto que temem, o tanto que bajulam, o tanto que são bajulados, quanto se ocupam com compromissos, quanto com banquetes, que já se tornaram obrigações: você verá como nem seus males nem seus bens permitem que eles respirem. 3. Por fim, todos concordam que nada pode ser feito bem por alguém ocupado, nem a eloquência nem os estudos liberais, uma vez que uma alma distraída não capta nada de modo mais aprofundado, mas rejeita tudo como se lhe fosse imposto. Nada é menor do que viver para alguém ocupado; conhecimento nenhum é mais difícil. Por todo canto são muitos os que professam as outras artes, algumas das quais, em verdade, até mesmo crianças parecem ter tomado conta, de modo que podem ensinar. Deve-se aprender a viver por toda a vida, e, por mais que você se admire, toda a vida é um aprender a morrer. 4. Muitos dos homens mais importantes, tendo abandonado todos os empecilhos e renunciado às riquezas, aos cargos e desejos, buscaram uma única coisa até a mais extrema velhice: saber viver. Muitos deles, todavia, deixaram a vida tendo confessado ainda não saber, de modo que esses outros sabem menos.

5. Magni, mihi crede, et supra humanos errores eminentis uiri est nihil ex suo tempore delibari sinere, et ideo eius uita longissima est, quia, quantumcumque patuit, totum ipsi uacauit. Nihil inde incultum otiosumque iacuit, nihil sub alio fuit, neque enim quicquam repperit dignum quod cum tempore suo permutaret custos eius parcissimus. Itaque satis illi fuit: iis uero necesse est defuisse ex quorum uita multum populus tulit. 6. Nec est quod putes hinc illos aliquando non intellegere damnum suum: plerosque certe audies ex iis quos magna felicitas grauat inter clientium greges aut causarum actiones aut ceteras honestas miserias exclamare interdum: "Viuere mihi non licet". 7. Quidni non liceat? Omnes illi qui te sibi aduocant tibi abducunt. Ille reus quot dies abstulit? Quot ille candidatus? Quot illa anus efferendis heredibus lassa? Quot ille ad irritandam auaritiam captantium simulatus aeger? Quot ille potentior amicus, qui uos non in amicitiam sed in apparatu habet? Dispunge, inquam, et recense uitae tuae dies: uidebis paucos admodum et reiculos apud te resedisse. 8. Assecutus ille quos optauerat fasces cupit ponere et subinde dicit: "Quando hic annus praeteribit?" Facit ille ludos, quorum sortem sibi obtingere magno aestimauit: "Quando", inquit, "istos effugiam?". Diripitur ille toto foro patronus et magno concursu omnia ultra quam audiri potest complet: "Quando", inquit, "res proferentur?" Praecipitat quisque uitam suam et futuri desiderio laborat, praesentium taedio.

5. Acredite, é próprio de homem magnânimo e acima dos erros humanos não permitir que seja retirado nenhum momento de seu tempo, e por isso a vida dele é longuíssima, porque, por toda a extensão que tenha durado, tomou tudo para si. Nada, assim, ficou descuidado e ocioso, nada na dependência de outro, e nem, certamente, encontrou algo digno de ser trocado pelo seu tempo, guardião parcimoniosíssimo dele. Assim, o tempo foi suficiente para ele; mas àqueles é certo que tenha faltado, pois muito da vida foi tolhido pelo povo. 6. E nem por isso julgue que eles por vezes não entendem seu erro. Com certeza você ouvirá muitos destes, que são oprimidos por sua grande felicidade, vez ou outra exclamarem, entre as hordas de clientes ou processos jurídicos ou outras honrarias miseráveis: "não me deixam viver". Como poderiam deixar? 7. Todos aqueles que lhe chamam afastam-lhe de você mesmo. Quantos dias aquele réu tomou? Quantos aquele candidato? Quantos aquela velha, cansada de enterrar herdeiros? Quantos aquele que finge estar doente para provocar a cobiça dos caçadores de testamento? Quantos aquele amigo mais poderoso que não lhe tem em amizade, mas em seu cortejo? Eu digo, revise e reconte os dias da sua vida; verá que sobraram para você poucos e sem valor. 8. Há aquele que, depois de ter conseguido os cargos que buscava, deseja abandoná-los logo em seguida e diz: "quando este ano vai terminar?" O outro patrocina jogos públicos, o que considerou como grande sorte, ele diz: "quando me livrarei deles?". Aquele patrono é disputado em todo o fórum e, sendo grande a multidão até para além do que pode ser escutado, diz: "quando terei férias?". Cada um precipita sua própria vida e sofre pelo desejo do futuro e o tédio do presente.

9. At ille qui nullum non tempus in usus suos confert, qui omnes dies tamquam ultimum ordinat, nec optat crastinum nec timet. Quid enim est quod iam ulla hora nouae uoluptatis possit afferre? Omnia nota, omnia ad satietatem percepta sunt. De cetero fors fortuna ut uolet ordinet: uita iam in tuto est. Huic adici potest, detrahi nihil, et adici sic quemadmodum saturo iam ac pleno aliquid cibi: quod nec desiderat [et] capit. 10. Non est itaque quod quemquam propter canos aut rugas putes diu uixisse: non ille diu uixit, sed diu fuit. Quid enim, si illum multum putes nauigasse quem saeua tempestas a portu exceptum huc et illuc tulit ac uicibus uentorum ex diuerso furentium per eadem spatia in orbem egit? Non ille multum nauigauit, sed multum iactatus est.

9. Mas aquele que concede o tempo ao seu próprio uso, que dispõe de cada dia como se fosse o último, nem deseja o amanhã nem o teme. Pois que novo prazer alguma hora já lhe poderia trazer? Tudo foi compreendido, tudo foi colhido até a saciedade. Sobre o restante, que a sorte arranje como queira: a vida já está segura. A este é possível acrescentar algo, mas nada subtrair, e acrescentar-lhe assim como a alguém já bastante cheio de comida, que nem a deseja e nem a busca. 10. Não se deve julgar que alguém viveu por muito tempo por causa dos cabelos brancos e rugas: ele não viveu muito tempo, mas existiu muito tempo. De fato, consideraria ter navegado muito quem, logo que tivesse saído do porto, fosse carregado para lá e para cá por uma cruel tempestade e vicissitudes dos ventos de diversas direções, tivesse sido forçado a mover-se em círculos pelo mesmo lugar? Este não navegou muito, mas foi muito sacudido.

VIII.

1. Mirari soleo cum uideo aliquos tempus petentes et eos qui rogantur facillimos; illud uterque spectat propter quod tempus petitum est, ipsum quidem neuter: quasi nihil petitur, quasi nihil datur. Re omnium pretiosissima luditur; fallit autem illos, quia res incorporalis est, quia sub oculos non uenit ideoque uilissima aestimatur, immo paene nullum eius pretium est. 2. Annua, congiaria homines carissime accipiunt et illis aut laborem aut operam aut diligentiam suam locant: nemo aestimat tempus; utuntur illo laxius quasi gratuito. At eosdem aegros uide, si mortis periculum propius admotum est, medicorum genua tangentes, si metuunt capitale supplicium, omnia sua, ut uiuant, paratos impendere! Tanta in illis discordia affectuum est! 3. Quodsi posset quem-admodum praeteritorum annorum cuiusque numerus proponi, sic futurorum, quomodo illi qui paucos uiderent superesse trepidarent, quomodo illis parcerent! Atqui facile est quamuis exiguum dispensare quod certum est; id debet seruari diligentius quod nescias quando deficiat. 4. Nec est tamen quod putes illos ignorare quam cara res sit: dicere solent eis quos ualdissime diligunt paratos se partem annorum suorum dare: dant nec intellegunt: dant autem ita ut sine illorum incremento sibi detrahant. Sed hoc ipsum an detrahant nesciunt; ideo tolerabilis est illis iactura detrimenti latentis. 5. Nemo restituet annos, nemo iterum te tibi reddet. Ibit qua coepit aetas nec cursum suum aut reuocabit aut supprimet; nihil tumultuabitur, nihil admonebit uelocitatis suae: tacita labetur. Non illa se regis imperio, non fauore populi longius proferet: sicut missa est a primo die, curret, nusquam deuertetur, nusquam remorabitur. Quid fiet? Tu occupatus es, uita festinat; mors interim aderit, cui uelis nolis uacandum est.

VIII. 1. Costumo me espantar quando vejo alguns buscando o tempo de outros, e estes, a quem se pediu, atendem muito solícitos. Cada um analisa aquilo pelo qual se pede o tempo, nenhum dos dois considera o próprio tempo: é como se nada se pedisse, como se nada se desse. Brinca-se com a coisa mais preciosa de todas; no entanto ela escapa a todos, porque é uma coisa incorpórea, não aparece aos olhos, por isso é considerada muito desprezível, e assim não lhe dão valor algum. 2. As pessoas recebem de muito bom grado pensões e auxílios e neles colocam seu trabalho, esforço e atenção. Ninguém dá valor ao tempo. Usam dele largamente como se fosse grátis. Mas veja essas mesmas pessoas, quando doentes, agarrando os joelhos dos médicos, se um perigo de morte estiver se aproximando; ou dispostos a dispender tudo que possuem para que vivam, se temem ser condenados à pena capital. Tamanha é a discórdia em seus afetos! 3. Se fosse possível colocar à frente de cada um o número de seus anos futuros, da mesma forma como o de seus anos passados, como tremeriam de medo ao ver quão poucos anos lhes restam, como pouparia! Mas é fácil administrar aquilo que, embora curto, é certo; deve-se conservar com mais diligência aquilo que você não sabe quando faltará. 4. Porém não é o caso de pensar que eles ignorem quão precioso seja o tempo: costumam dizer àqueles, a quem amam largamente, que estão preparados a lhes dar uma parte de seus anos. Dão, mas não percebem que subtraem de si sem aumentar os dos outros. Mas ignoram isso mesmo: que estão subtraindo seus próprios anos. Por isso é tolerável a eles a perda de um bem não aparente. 5. Ninguém lhe restituirá os anos, ninguém lhe devolverá de volta a si mesmo. Uma vez começada, a vida seguirá sem reverter ou restringir seu curso; não fará tumulto e nem avisará sobre sua velocidade. Ela se moverá silenciosamente; não se alastrará mais longamente nem pela ordem de um rei nem pela vontade do povo. Ela correrá do mesmo modo como foi lançada no primeiro dia; nunca desviará, nunca retardará. O que vai acontecer? Você está ocupado, a vida se apressa; nesse ínterim, a morte vai chegar, e, querendo ou não, para ela você deverá estar disponível.

IX. 1. Potestne quicquam stultius esse quam quorundam sensus, hominum eorum dico qui prudentiam iactant? Operosius occupati sunt. Vt melius possint uiuere, impendio uitae uitam instruunt. Cogitationes suas in longum ordinant; maxima porro uitae iactura dilatio est: illa primum quemque extrahit diem, illa eripit praesentia dum ulteriora promittit. Maximum uiuendi impedimentum est exspectatio, quae pendet ex crastino, perdit hodiernum. Quod in manu fortunae positum est disponis, quod in tua, dimittis. Quo spectas? Quo te extendis? Omnia quae uentura sunt in incerto iacent: protinus uiue. 2. Clamat ecce maximus uates et uelut diuino horrore instinctus salutare carmen canit:

> Optima quaeque dies miseris mortalibus aeui
> Prima fugit.

"Quid cunctaris?", inquit, "Quid cessas? Nisi occupas, fugit". Et cum occupaueris, tamen fugiet: itaque cum celeritate temporis utendi uelocitate certandum est et uelut ex torrenti rapido nec semper ituro cito hauriendum. 3. Hoc quoque pulcherrime ad exprobrandam infinitam cogitationem quod non optimam quamque aetatem sed diem dicit. Quid securus et in tanta temporum fuga lentus menses tibi et annos in longam seriem, utcumque auiditati tuae uisum est, exporrigis? De die tecum loquitur et de hoc ipso fugiente.

IX. 1. Pode haver algo mais estúpido do que o pensamento de algumas pessoas? Falo daquelas pessoas que fazem pouco caso da prudência. Ocupam-se ativamente para que vivam melhor. Constroem sua vida ao gastar a vida! Organizam seus planos em longo prazo, mas a protelação é o que há de maior prejuízo para a vida. Esta primeiro retira de nós cada um dos dias, arranca o presente enquanto nos promete o futuro. O maior obstáculo da vida é a expectativa, que depende do amanhã e perde o hoje. Você dispõe do que está na mão da Fortuna, desde o que está na sua. Para onde olha? Para onde se estica? Tudo que ainda há de vir jaz na incerteza. Viva já! 2. Eis que proclama o maior poeta,[14] como se inspirado pela boca divina, canta o canto de salvação:

> Os melhores dias da vida são os que escapam primeiro
> dos tristes mortais.

"Por que se atrasa?", ele diz. "Por que demora? Se não o ocupa, ele foge." E ainda se você o tiver ocupado, ele fugirá. Portanto deve-se lutar com a velocidade do tempo usando a velocidade, assim como deve-se sorver bem depressa a água de uma rápida torrente que não fluirá para sempre. 3. Diz isso de modo belíssimo para censurar a demora infinita, porque não diz a melhor "idade", mas, sim, "dia". Por que é que, seguro em tamanha fuga dos tempos, você estende indolente os seus meses e anos em uma longa série, do modo como parece à sua avidez? Ele fala contigo sobre o dia, e deste mesmo que está fugindo.

---

14. Aqui o maior poeta é Virgílio, em sua obra *Geórgicas,* III, 66-67.

4. Num dubium est ergo quin prima quaeque optima dies fugiat mortalibus miseris, id est occupatis? Quorum puerilis adhuc animos senectus opprimit, ad quam imparati inermesque perueniunt; nihil enim prouisum est: subito in illam necopinantes inciderunt, accedere eam cotidie non sentiebant. 5. Quemadmodum aut sermo aut lectio aut aliqua intentior cogitatio iter facientis decipit et peruenisse ante sciunt quam appropinquasse, sic hoc iter uitae assiduum et citatissimum quod uigilantes dormientesque eodem gradu facimus occupatis non apparet nisi in fine.

4. Por acaso é duvidoso que os melhores dias fujam primeiro aos infelizes mortais, isto é, aos ocupados? A velhice oprime tanto as almas pueris destes que chegam a ela despreparados e desarmados, pois nada providenciaram: caíram nela de súbito e sem esperar, não percebiam que ela chegava dia após dia. 5. Da mesma forma que uma conversa, uma leitura ou algum pensamento mais profundo distrai o viajante e faz parecer que chegou antes, sem perceber que se aproximava, assim também é o tumultuado e celeríssimo caminho da vida, o qual percorremos no mesmo passo alertas e dormentes, aos ocupados não aparece senão no fim.

X. 1. Quod proposui si in partes uelim et argumenta diducere, multa mihi occurrent per quae probem breuissimam esse occupatorum uitam. Solebat dicere Fabianus, non ex his cathedrariis philosophis, sed ex ueris et antiquis, "contra affectus impetu, non subtilitate pugnandum, nec minutis uulneribus sed incursu auertendam aciem". Non probabat cauillationes: "enim contundi debere, non uellicari". Tamen, ut illis error exprobretur suus, docendi non tantum deplorandi sunt. 2. In tria tempora uita diuiditur: quod fuit, quod est, quod futurum est. Ex his quod agimus breue est, quod acturi sumus dubium, quod egimus certum. Hoc est enim in quod fortuna ius perdidit, quod in nullius arbitrium reduci potest. 3. Hoc amittunt occupati; nec enim illis uacat praeterita respicere, et si uacet iniucunda est paenitendae rei recordatio. Inuiti itaque ad tempora male exacta animum reuocant nec audent ea retemptare quorum uitia, etiam quae aliquo praesentis uoluptatis lenocinio surripiebantur, retractando patescunt. Nemo, nisi quoi omnia acta sunt sub censura sua, quae numquam fallitur, libenter se in praeteritum retorquet.

X. 1. Se eu quiser dividir em partes e argumentos o que propus, vão me ocorrer muitos pelos quais eu poderia provar que é brevíssima a vida dos ocupados. Fabiano,[15] que não era um destes filósofos de escritório, mas um dos verdadeiros e antigos, costumava dizer que "contra a paixão não se deve lutar com sutileza, mas com ímpeto; nem repelir uma tropa de ataque com pequenas feridas, mas com um ataque decisivo; pois é preciso aniquilar o problema, não atiçá-lo". No entanto, para que seja exposto a eles o seu erro, devem ser instruídos, não lamentados. 2. A vida se divide em três momentos: o que foi, o que é, o que será. Destes, o qual estamos vivendo é breve, o que vamos viver é dúbio, o que vivemos é certo. De fato, este é sobre o qual a sorte perdeu a jurisprudência, porque não pode ser reduzido ao arbítrio de ninguém. 3. Os ocupados o perdem, pois a eles falta tempo para reconsiderar o passado, e se tivessem tempo, é desagradável a recordação de algo de que se arrependem. Assim, contrariados relembram os tempos mal gastos, e nem ousam recordar aquelas horas cujos vícios, mesmo aqueles que estavam disfarçados sob o encanto de um prazer momentâneo, revelam-se pela rememoração.

---

15. Papírio Fabiano, filósofo e professor de retórica em Roma, exerceu considerável influência sobre Sêneca. Também é citado por Sêneca, o Velho, no proêmio das *Controvérsias*, II.

4. ille qui multa ambitiose concupiit superbe contempsit, impotenter uicit insidiose decepit, auare rapuit prodige effudit, necesse est memoriam suam timeat. Atqui haec est pars temporis nostri sacra ac dedicata, omnis humanos casus supergressa, extra regnum fortunae subducta, quam non inopia, non metus, non morborum incursus exagitet; haec nec turbari nec eripi potest; perpetua eius et intrepida possessio est. Singuli tantum dies, et hi per momenta, praesentes sunt; at praeteriti temporis omnes, cum jusseritis, aderunt, ad arbitrium tuum inspici se ac detineri patientur, quod facere occupatis non uacat. 5. Securae et quietae mentis est in omnes uitae suae partes discurrere; occupatorum animi, uelut sub iugo sint, flectere se ac respicere non possunt. Abit igitur uita eorum in profundum; et ut nihil prodest, licet quantumlibet ingeras, si non subest quod excipiat ac seruet, sic nihil refert quantum temporis detur, si non est ubi subsidat: per quassos foratosque animos transmittitur. 6. Praesens tempus breuissimum est, adeo quidem ut quibusdam nullum uideatur; in cursu enim semper est, fluit et praecipitatur; ante desinit esse quam uenit, nec magis moram patitur quam mundus aut sidera, quorum irrequieta semper agitatio numquam in eodem uestigio manet. Solum igitur ad occupatos praesens pertinet tempus, quod tam breue est ut arripi non possit, et id ipsum illis districtis in multa subducitur.

4. Ninguém se voltará ao passado livremente, a não ser aqueles cujas ações submetem à sua censura, a qual nunca se engana. Aquele que cobiçou muitas coisas ambiciosamente, soberbamente desprezou, insolentemente venceu, insidiosamente enganou, avaramente roubou, prodigamente gastou, necessariamente deverá temer suas recordações. Ora, esta é a parte sagrada e intocável de nosso tempo, acima de todas as picuinhas humanas, retirada do domínio da fortuna, que não se abala nem pela escassez, nem pelo medo, nem pelo ataque das doenças; ela não pode ser roubada nem perturbada: sua posse é perpétua e inabalável. Apenas um a um os dias a nós se apresentam, e estes ainda divididos em momentos; mas todos os momentos passados, quando os ordena, ficam diante de você, a teu arbítrio se deixarão inspecionar detidamente, o que aos ocupados não resta tempo para fazer. 5. É próprio de uma mente segura e tranquila percorrer todas as partes de sua vida. As mentes dos ocupados, como se estivessem subjugados, não podem se dobrar nem se examinar. Portanto a vida deles cai em um abismo, e assim como não adianta derramar um líquido se não houver algo embaixo que o receba e conserve, assim também não importa quanto tempo nos é concedido se não houver onde guardá-lo, pois ele vaza por almas trincadas e rachadas. 6. O tempo presente é brevíssimo, tanto é assim que a alguns parece nem existir. De fato, sempre está em curso, flui e precipita-se; deixa de existir antes de chegar, nem admite atraso, tal como o mundo ou as estrelas, dos quais a sempre irrequieta agitação nunca mantém a mesma pegada. Portanto aos ocupados apenas pertence o tempo presente, que é tão breve que não pode ser agarrado, e mesmo este é retirado deles por estarem distraídos com muitas coisas.

XI.

1. Denique uis scire quam non diu uiuant? Vide quam cupiant diu uiuere. Decrepiti senes paucorum annorum accessionem uotis mendicant: minores natu se ipsos esse fingunt; mendacio sibi blandiuntur et tam libenter se fallunt quam si una fata decipiant. Iam uero cum illos aliqua imbecillitas mortalitatis admonuit, quemadmodum pauentes moriuntur, non tamquam exeant de uita sed tamquam extrahantur. Stultos se fuisse ut non uixerint clamitant et, si modo euaserint ex illa ualetudine, in otio uicturos; tunc quam frustra parauerint quibus non fruerentur, quam in cassum omnis ceciderit labor cogitant. 2. At quibus uita procul ab omni negotio agitur, quidni spatiosa sit? Nihil ex illa delegatur, nihil alio atque alio spargitur, nihil inde fortunae traditur, nihil neglegentia interit, nihil largitione detrahitur, nihil superuacuum est: tota, ut ita dicam, in reditu est. Quantulacumque itaque abunde sufficit, et ideo, quandoque ultimus dies uenerit, non cunctabitur sapiens ire ad mortem certo gradu.

XI.

1. Por fim, quer saber quão pouco eles vivem? Veja o quanto desejam viver por muito tempo. Velhos decrépitos mendigam em suas preces o acréscimo de uns poucos anos; fingem ser mais novos; lisonjeiam-se com a mentira e iludem a si mesmos com tanta alegria que é como se enganassem os destinos. Porém, quando alguma fraqueza os relembra da mortalidade, morrem apavorados, não como se deixassem a vida, mas como se ela lhes fosse arrancada. Gritam que foram tolos por não terem vivido e, se por acaso escaparem daquela doença, viverão em paz; então pensam sobre quão inútil é se preparar para algo que não iriam usufruir, e quanto todo o seu trabalho achou-se vão. 2. Mas para aqueles cuja vida não é tomada por todo tipo de preocupação, por que ela não seria duradoura? Nada dela foi delegado a outro, nada foi desperdiçado aqui e ali, nada depende da fortuna, nada foi levado pela negligência, nada perdido pela prodigalidade, nada supérfluo. Toda ela, digamos, é proveitosa. E assim, por mais que seja curta, é suficientemente abundante, então, quando chegar o último dia, o sábio não hesitará em caminhar para a morte com passo firme.

XII.

1. Quaeris fortasse quos occupatos uocem? Non est quod me solos putes dicere quos a basilica immissi demum canes eiciunt, quos aut in sua uides turba speciosius elidi aut in aliena contemptius, quos officia domibus suis euocant ut alienis foribus illidant, [aut] hasta praetoris infami lucro et quandoque suppuraturo exercet. 2. Quorundam otium occupatum est: in uilla aut in lecto suo, in media solitudine, quamuis ab omnibus recesserint, sibi ipsi molesti sunt: quorum non otiosa uita dicenda est sed desidiosa occupatio. Illum tu otiosum uocas qui Corinthia, paucorum furore pretiosa, anxia subtilitate concinnat et maiorem dierum partem in aeruginosis lamellis consumit? qui in ceromate (nam, pro facinus! ne Romanis quidem uitiis laboramus) spectator puerorum rixantium sedet? qui iumentorum suorum greges in aetatum et colorum paria diducit? qui athletas nouissimos pascit?

XII.

1. Talvez você me pergunte quem eu chamo de "ocupados"? Não há por que pensar que eu me refira somente àqueles contra os quais se mandam os cachorros para expulsá-los da basílica, aqueles que você vê espremidos brilhantemente em sua multidão de clientes ou, de modo degradante, na de outros, aqueles cujos deveres lhes retiram de suas casas para que visitem portas alheias, ou aqueles ocupados pela lança do pretor[16] por causa de um lucro infame, e que um dia há de apodrecer. 2. O ócio de alguns é ocupado ou em sua vila ou em seu leito, em meio à solidão, embora tenham se afastado de todos, eles próprios são prejudiciais a si mesmos; a vida destes não deve ser chamada de ociosa, mas de uma ocupação indolente. Você chama de ocioso aquele que coleciona com atenção bronzes coríntios, preciosos por causa da loucura de poucos, e consome a maior parte de seu dia entre enferrujados metaizinhos? Aquele que se senta diante do ringue (sim, que absurdo! Nem mesmo sofremos com vícios que são romanos!) e assiste a rapazinhos que brigam? E o que contabiliza seus rebanhos de bestas em pares de idades e cores? E aquele que fomenta os atletas mais novos?

---

16. Magistrado eleito a quem cabiam diversas responsabilidades dentro da administração civil em Roma.

3. Quid? Illos otiosos uocas quibus apud tonsorem multae horae transmittuntur, dum decerpitur si quid proxima nocte succreuit, dum de singulis capillis in consilium itur, dum aut disiecta coma restituitur aut deficiens hinc atque illinc in frontem compellitur? Quomodo irascuntur, si tonsor paulo neglegentior fuit, tamquam uirum tonderet! Quomodo excandescunt si quid ex iuba sua decisum est, si quid extra ordinem iacuit, nisi omnia in anulos suos reciderunt! Quis est istorum qui non malit rem publicam turbari quam comam suam? qui non sollicitior sit de capitis sui decore quam de salute? qui non comptior esse malit quam honestior? Hos tu otiosos uocas inter pectinem speculumque occupatos? 4. Quid illi qui in componendis, audiendis, discendis canticis operati sunt, dum uocem, cuius rectum cursum natura et optimum et simplicissimum fecit, in flexus modulationis inertissimae torquent, quorum digiti aliquod intra se carmen metientes semper sonant, quorum, cum ad res serias, etiam saepe tristes adhibiti sunt, exauditur tacita modulatio? Non habent isti otium, sed iners negotium. 5. Conuiuia me hercules horum non posuerim inter uacantia tempora, cum uideam quam solliciti argentum ordinent, quam diligenter exoletorum suorum tunicas succingant, quam suspensi sint quomodo aper a coco exeat, qua celeritate signo dato glabri ad ministeria discurrant, quanta arte scindantur aues in frusta non enormia, quam curiose infelices pueruli ebriorum sputa detergeant: ex his elegantiae lautitiaeque fama captatur et usque eo in omnes uitae secessus mala sua illos sequuntur, ut nec bibant sine ambitione nec edant.

3. O quê? Você chama de ociosos aqueles que gastam muitas horas no cabeleireiro enquanto cortam o que cresceu na noite anterior, enquanto fazem um debate sobre cada fio de cabelo, enquanto ou ajeitam as madeixas desarrumadas ou corrigem sobre a testa, por aqui e por ali, as partes mais ralas? Como se irritam se o cabeleireiro for um pouco mais descuidado, como se cortasse o cabelo de um homem! Como se encolerizam se algo foi cortado de sua juba, se algo fica fora de ordem, se tudo em seus cachos não tem bom caimento! Quem destes que não prefere a desordem da República em vez da de seu cabelo? Quem não é mais preocupado com a beleza do que com a saúde de sua cabeça? Quem não prefere ser mais bem penteado a ser honesto? Você chama estes de "ociosos" que estão ocupados entre o pente e o espelho? 4. E quanto àqueles que se ocupam em compor, ouvir e aprender canções, enquanto deturpam a voz, cujo uso correto a natureza fez o melhor e mais simples, em flexões de modulação inertíssima, destes que, cujos dedos sempre marcam alguma canção interna, dos quais, mesmo quando chamados a tomar parte de questões sérias e até mesmo tristes, ouve-se um cantarolar discreto? Estes não têm ócio, mas um negócio inútil. 5. Por Hércules, eu não consideraria os festejos destes como tempo livre, uma vez que vejo com quanto cuidado dispõem a prataria, com quanta diligência ajeitam as túnicas de seus eunucos, quão ansiosos para ver como o javali sairá das mãos do cozinheiro, com qual presteza, uma vez dado o sinal, os escravos depilados correm aos serviços, com quanta habilidade as aves são cortadas em porções não muito grandes, quão atentamente os escravos infelizes limpam os vômitos dos bêbados. A partir disso que se consegue a fama de elegante e refinamento, e seus males os perseguem em todas as partes da vida, de tal modo que não conseguem nem beber e nem comer sem afetação.

6. Ne illos quidem inter otiosos numeraueris qui sella se et lectica huc et illuc ferunt et ad gestationum suarum, quasi deserere illas non liceat, horas occurrunt, quos quando lauari debeant, quando natare, quando cenare alius admonet: [et] usque eo nimio delicati animi languore soluuntur, ut per se scire non possint an esuriant. 7. Audio quendam ex delicatis (si modo deliciae uocandae sunt uitam et consuetudinem humanam dediscere), cum ex balneo inter manus elatus et in sella positus esset, dixisse interrogando: "Iam sedeo?" Hunc tu ignorantem an sedeat putas scire an uiuat, an uideat, an otiosus sit? Non facile dixerim utrum magis miserear, si hoc ignorauit an si ignorare se finxit. 8. Multarum quidem rerum obliuionem sentiunt, sed multarum et imitantur; quaedam uitia illos quasi felicitatis argumenta delectant; nimis humilis et contempti hominis uidetur scire quid facias: i nunc et mimos multa mentiri ad exprobrandam luxuriam puta. Plura me hercules praetereunt quam fingunt et tanta incredibilium uitiorum copia ingenioso in hoc unum saeculo processit, ut iam mimorum arguere possimus neglegentiam. Esse aliquem qui usque eo deliciis interierit ut an sedeat alteri credat! 9. Non est ergo hic otiosus, aliud illi nomen imponas; aeger est, immo mortuus est; ille otiosus est cui otii sui et sensus est. Hic uero semiuiuus, cui ad intellegendos corporis sui habitus indice opus est, quomodo potest hic ullius temporis dominus esse?

6. Eu certamente não contaria entre os ociosos os que se transportam para cá e para lá em selas e liteiras e anseiam o momento de seu passeio, como se não pudessem faltar a ele, nem aqueles que são lembrados por outra pessoa quando devem se banhar, nadar ou jantar; seus espíritos excessivamente frágeis estão tão dissolvidos pela preguiça que eles sequer podem saber se têm fome! 7. Ouvi um desses afetados (se é que é chamar de afetação desaprender a vida e os modos humanos), quando tirado do banho por várias mãos e colocado na cadeira, perguntar: "já estou sentado?". Você acha que este que não sabe se está sentado, se enxerga, se vive, é um ocioso? Não poderia dizer facilmente o que lamento mais: ele realmente não saber ou fingir não saber. 8. Estes certamente esquecem-se de muitas coisas, mas também fingem se esquecer de muitas. Alguns vícios os deleitam como se fossem provas de felicidade: parece-lhes que saber o que está fazendo é próprio de alguém baixo e desprezível. Vai agora e julga que os mimos mentem quando reprovam a luxúria. Por Hércules, eles deixam para trás muito mais do que inventam, e, tanto progrediu o incrível excesso de vícios nesta engenhosa era apenas nisso, que podemos já acusar os mimos de negligência. É absurdo que haja alguém que esteja tão chafurdado em prazeres que deve confiar em outra pessoa para saber se está sentado! 9. Logo, este não é ocioso, imputa-se a ele outro nome: é doente, ou, ainda, está morto; é ocioso aquele que está também consciente do seu ócio. Este, na verdade, semivivo, a quem é preciso que haja alguém para lhe indicar a postura de seu próprio corpo, de que modo pode este ser senhor de um único momento?

XIII. 1. Persequi singulos longum est quorum aut latrunculi aut pila aut excoquendi in sole corporis cura consumpsere uitam. Non sunt otiosi quorum uoluptates multum negotii habent. Nam de illis nemo dubitabit quin operose nihil agant, qui litterarum inutilium studiis detinentur, quae iam apud Romanos quoque magna manus est. 2. Graecorum iste morbus fuit quaerere quem numerum Ulixes remigum habuisset, prior scripta esset Ilias an Odyssia, praeterea an eiusdem esset auctoris, alia deinceps huius notae, quae siue contineas nihil tacitam conscientiam iuuant, siue proferas non doctior uidearis sed molestior.

XIII.

1. Demoraria muito percorrer cada um dos exemplos daqueles que consumiram sua vida com jogos de tabuleiro, jogando bola ou queimando no sol. Não aproveitam o ócio aqueles cujos desejos ocupam muito de seu tempo. Pois ninguém duvidará de que fazem um trabalhoso nada aqueles que se detêm em inúteis detalhes literários, os quais já são uma grande multidão entre os romanos. 2. Essa é uma doença dos gregos,[17] de procurar saber o número de remadores que Ulisses teria tido, qual poema teria sido escrito primeiro, se a *Ilíada* ou se a *Odisseia*; e mais, se seriam obra de um único autor ou não, e outras coisas desse tipo, que se você as guarda para você mesmo, em nada ajudam sua mente, se você as publica, não vai parecer um erudito, mas um chato.

---

17. Possivelmente uma menção a uma prática que se consagrou no período helenístico, mais especificamente entre os bibliotecários de Alexandria. A prática de comentários literários muitas vezes desembocava em questões bastante literais.

3. Ecce Romanos quoque inuasit inane studium superuacua discendi; his diebus audiui quendam referentem quae primus quisque ex Romanis ducibus fecisset: primus nauali proelio Duilius uicit, primus Curius Dentatus in triumpho duxit elephantos. Etiamnunc ista, etsi ad ueram gloriam non tendunt, circa ciuilium tamen operum exempla uersantur; non est profutura talis scientia, est tamen quae nos speciosa rerum uanitate detineat. 4. Hoc quoque quaerentibus remittamus quis Romanis primus persuaserit nauem conscendere (Claudius is fuit, Caudex ob hoc ipsum appellatus quia plurium tabularum contextus caudex apud antiquos uocatur, unde publicae tabulae codices dicuntur et naues nunc quoque ex antiqua consuetudine quae commeatus per Tiberim subuehunt codicariae uocantur). 5. sane et hoc ad rem pertineat, quod Valerius Coruinus primus Messanam uicit et primus ex familia Valeriorum, urbis captae in se translato nomine, Messana appellatus est paulatimque uulgo permutante litteras Messala dictus.

3. Eis que invadiu também os romanos esse interesse inane de aprender coisas supérfluas. Nestes dias ouvi alguém contando quem foi o primeiro general romano a fazer tais e tais ações: Duílio[18] foi o primeiro a vencer uma batalha naval, Cúrio Dentato[19] foi o primeiro a levar elefantes ao seu desfile triunfal.[20] Mas essas coisas, ainda que não sirvam à verdadeira glória, pelo menos versam sobre exemplos de feitos cívicos; tal conhecimento não é proveitoso, mas ainda assim nos prende pela atraente futilidade dos assuntos. 4. Perdoemos também aqueles que pesquisam coisas como estas: quem foi o primeiro que teria persuadido os romanos a embarcar em um navio. Foi Cláudio, e por isso mesmo foi chamado de "cáudice", porque entre os antigos a junção de várias tábuas chamava-se "cáudice", daí chamarem-se "códices" as tábuas das leis, e ainda hoje são chamados de *codicaria*, pelo costume antigo, os navios que carregam provisões pelo Tibre. 5. Certamente também é pertinente que Valério Corvino[21] foi o primeiro a conquistar Messana e o primeiro da família dos Valérios que foi chamado "Messana" por ter-lhe sido atribuído o nome da cidade capturada e que se transformou em "Messala" paulatinamente pela mutação da fala popular.

---

18. Gaio Duílio foi cônsul de Roma em 260 a.C., durante a Primeira Guerra Púnica, e liderou a frota romana à vitória.
19. Cúrio Dentato, general romano que logrou vitórias contra os samnitas (290 a.C.) e contra os pirros (275 a.C.).
20. Desfile do exército vitorioso. Ocorria dentro de Roma, onde frequentemente o exército e seu general celebrado desfilavam por debaixo de um arco do triunfo.
21. Mânio Valério Máximo Messalla, cônsul romano em 263 a.C., forçou o tirano Hierão II de Siracusa a aceitar um tratado de paz com Roma. A ele foi concedido um triunfo pela captura da cidade de Messana, que hoje se chama Messina.

6. num et hoc cuiquam curare permittes quod primus L. Sulla in circo leones solutos dedit, cum alioquin alligati darentur, ad conficiendos eos missis a rege Boccho iaculatoribus? Et hoc sane remittatur: num et Pompeium primum in circo elephantorum duodeuiginti pugnam edidisse commissis more proelii noxiis hominibus, ad ullam rem bonam pertinet? Princeps ciuitatis et inter antiquos principes (ut fama tradidit) bonitatis eximiae memorabile putauit spectaculi genus nouo more perdere homines. Depugnant? Parum est. Lancinantur? Parum est: ingenti mole animalium exterantur! 7. Satius erat ista in obliuionem ire, ne quis postea potens disceret inuideretque rei minime humanae. O quantum caliginis mentibus nostris obicit magna felicitas! Ille se supra rerum naturam esse tunc credidit, cum tot miserorum hominum cateruas sub alio caelo natis beluis obiceret, cum bellum inter tam disparia animalia committeret, cum in conspectum populi Romani multum sanguinis funderet mox plus ipsum fundere coacturus; at idem postea Alexandrina perfidia deceptus ultimo mancipio transfodiendum se praebuit, tum demum intellecta inani iactatione cognominis sui.

6. Pois você permitirá que alguém se preocupe também com isto: que Lúcio Sula[22] foi o primeiro a apresentar no circo leões soltos, em outros tempos apresentavam-se acorrentados, e que lanceiros foram enviados pelo rei Boccho[23] para matá-los? E você acha que isto também deve ser permitido: traz alguma coisa de proveitoso o fato de que Pompeu[24] foi o primeiro a apresentar uma luta de dezoito elefantes contra homens indefesos, simulando um combate? O líder da cidade e, como diz a fama, entre os líderes de exímia bondade, julgou digno de memória esse tipo de espetáculo: sacrificar homens de uma nova maneira. Lutam até a morte? É pouco. Esfacelam-se? É pouco: que sejam esmagados por uma enorme massa de animais! 7. Era melhor que essas coisas fossem esquecidas, para que algum prepotente não invejasse nem aprendesse algo tão desumano. Ah, quanta névoa uma grande felicidade lança em nossas mentes! Ele então acreditou estar acima da natureza quando lançou todos os bandos de homens miseráveis a bestas nascidas sob outro céu, quando suscitou a guerra entre animais tão diferentes, quando fez derramar tanto sangue às vistas do povo romano — ele que logo seria coagido a derramar ainda mais. Mas ele mesmo, depois de enganado pela perfídia Alexandrina, entregou-se ao pior dos escravos para que o matasse, só então, finalmente, compreendeu a jactância inútil de seu sobrenome.[25]

---

22. Lúcio Cornélio Sula Félix foi general, cônsul e ditador romano. O caso mencionado ocorreu em 93 a.C., quando Sula ocupava o cargo de pretor urbano.
23. Rei Boccho I da Mauretânia foi sogro e genro de Jugurtha, com quem travou guerra contra os romanos.
24. Gneu Pompeu Magno, general e cônsul romano. Compôs com Júlio César e Licínio Crasso o primeiro triunvirato.
25. Pompeu morreu no Egito, muito provavelmente esfaqueado por um escravo.

8. Sed, ut illo reuertar unde decessi et in eadem materia ostendam superuacuam quorundam diligentiam, idem narrabat Metellum, uictis in Sicilia Poenis triumphantem, unum omnium Romanorum ante currum centum et uiginti captiuos elephantos duxisse; Sullam ultimum Romanorum protulisse pomerium, quod numquam prouinciali sed Italico agro adquisito proferre moris apud antiquos fuit. Hoc scire magis prodest quam Auentinum montem extra pomerium esse, ut ille affirmabat, propter alteram ex duabus causis, aut quod plebs eo secessisset aut quod Remo auspicante illo loco aues non addixissent, alia deinceps innumerabilia quae aut farta sunt mendaciis aut similia? 9. Nam ut concedas omnia eos fide bona dicere, ut ad praestationem scribant, tamen cuius ista errores minuent? cuius cupiditates prement? quem fortiorem, quem iustiorem, quem liberaliorem facient? Dubitare se interim Fabianus noster aiebat an satius esset nullis studiis admoueri quam his implicari.

8. Mas para que eu retorne ao ponto em que me dispersei, e mostre a supérflua dedicação de alguns à mesma matéria: o mesmo narrava que Metelo,[26] uma vez vencidos os cartagineses na Sicília, foi o único de todos os romanos a conduzir diante do carro em seu desfile triunfal cento e vinte elefantes capturados; e que Sula foi o último dos romanos a ampliar o pomério,[27] algo que apenas se fazia, de acordo com os costumes antigos, depois de se conquistar territórios italianos, nunca provinciais. Porventura é mais vantajoso saber isso do que saber, como afirmava ele, que o monte Aventino encontrava-se além do pomério por causa de uma destas duas razões: ou porque a plebe havia se retirado para lá ou porque as aves não foram auspiciosas quando Remo,[28] naquele mesmo lugar, consultou os auspícios; e assim outros fatos incontáveis que ou são fartos de mentiras ou são semelhantes a estes? 9. Pois ainda que você conceda que eles contam tudo isso de boa-fé, ainda que se responsabilizem pelo que escrevem, essas histórias diminuirão os erros de quem? De quem refrearão os desejos? Quem farão mais corajoso, quem, mais justo, quem, mais generoso? De vez em quando meu amigo Fabiano dizia que se indagava se não era melhor não se dedicar a estudo algum do que se envolver nesses.

---

26. Quinto Cecílio Metelo Pio foi um político e general e cônsul romano em 80 a.C.
27. A antiga fronteira sagrada de Roma. Em termos legais, Roma existia apenas dentro dos limites do pomério, tudo que estava fora dele era território que pertencia a Roma, mas não era Roma.
28. Irmão de Rômulo. A eles atribui-se uma antiga rixa que culminou na fundação de Roma.

XIV.

1. Soli omnium otiosi sunt qui sapientiae uacant, soli uiuunt; nec enim suam tantum aetatem bene tuentur: omne aeuum suo adiciunt; quicquid annorum ante illos actum est, illis adquisitum est. Nisi ingratissimi sumus, illi clarissimi sacrarum opinionum conditores nobis nati sunt, nobis uitam praeparauerunt. Ad res pulcherrimas ex tenebris ad lucem erutas alieno labore deducimur; nullo nobis saeculo interdictum est, in omnia admittimur et, si magnitudine animi egredi humanae imbecillitatis angustias libet, multum per quod spatiemur temporis est. 2. Disputare cum Socrate licet, dubitare cum Carneade, cum Epicuro quiescere, hominis naturam cum Stoicis uincere, cum Cynicis excedere. Cum rerum natura in consortium omnis aeui patiatur incedere, quidni ab hoc exiguo et caduco temporis transitu in illa toto nos demus animo quae immensa, quae aeterna sunt, quae cum melioribus communia? 3. Isti qui per officia discursant, qui se aliosque inquietant, cum bene insanierint, cum omnium limina cotidie perambulauerint nec ullas apertas fores praeterierint, cum per diuersissimas domos meritoriam salutationem circumtulerint, quotum quemque ex tam immensa et uariis cupiditatibus districta urbe poterunt uidere?

XIV.

1. Dentre todos, apenas são "ociosos" aqueles que estão disponíveis para a sabedoria, só estes vivem; pois não apenas cuidam bem de seus anos, mas também a eles adicionam toda a eternidade. Cada um dos anos que passaram diante deles foi creditado. A não ser que sejamos os mais ingratos, aqueles mais famosos fundadores de pensamentos sagrados nasceram para nós, para nós prepararam o caminho para a vida. Somos conduzidos às coisas mais belas, tiradas das trevas até a luz, por esse trabalho alheio. Século algum nos é interditado, todos nos admitem e, se por meio da magnitude da alma escolhermos sair das estreitezas da fragilidade humana, há um vasto tempo a se percorrer. 2. É possível discutir com Sócrates,[29] duvidar com Carnéades,[30] acalmar-se com Epicuro,[31] vencer a natureza humana com os estoicos, ultrapassá-la com os cínicos. Já que a natureza das coisas nos permite marchar em comunhão com toda a eternidade, por que não nos voltamos inteiramente deste espaço de tempo exíguo e caduco para os períodos que são imensos, que são eternos, que são partilhados com os melhores? 3. Estes que correm entre deveres, que inquietam a si e aos outros, depois de ficarem insanos, depois de perambularem cotidianamente a soleira de todos e de não terem ignorado nenhuma porta aberta, depois de terem feito circular sua saudação interesseira pelas casas mais diversas, quão poucos eles poderão ver de uma cidade tão imensa e dilacerada por vários desejos?

---

29. Personagem central da história da filosofia e do pensamento. Professor de Platão e criador do método socrático, que compõe a base do pensamento filosófico. Foi condenado à morte em Atenas em 399 a.C.
30. O mais famoso filósofo cético do século II a.C. Conhecido por questionar as doutrinas de escolas já estabelecidas.
31. Filósofo grego fundador do epicurismo, doutrina filosófica importantíssima em Roma.

4. Quam multi erunt quorum illos aut somnus aut luxuria aut inhumanitas summoueat! Quam multi qui illos, cum diu torserint, simulata festinatione transcurrant! Quam multi per refertum clientibus atrium prodire uitabunt et per obscuros aedium aditus profugient, quasi non inhumanius sit decipere quam excludere! Quam multi hesterna crapula semisomnes et graues illis miseris suum somnum rumpentibus ut alienum exspectent, uix alleuatis labris insusurratum miliens nomen oscitatione superbissima reddent! 5. Hos in ueris officiis morari putamus, licet dicant, qui Zenonem, qui Pythagoran cotidie et Democritum ceterosque antistites bonarum artium, qui Aristotelen et Theophrastum uolent habere quam familiarissimos. Nemo horum non uacabit, nemo non uenientem ad se beatiorem, amantiorem sui dimittet, nemo quemquam uacuis a se manibus abire patietur; nocte conueniri, interdiu ab omnibus mortalibus possunt.

4. Quantos haverá cujo sono, ou a luxúria, ou a desumanidade os separarão! Quantos haverá que, depois de tê-los torturado com uma espera muito longa, correrão fingindo estarem apressados! Quantos evitarão aparecer no átrio lotado de clientes e fugirão por passagens secretas de suas casas, como se fosse menos descortês enganar do que excluir! Quantos, ainda meio sonolentos e pesados da bebedeira da véspera, repetirão o nome que lhes fora repetido mil vezes, com o bocejo mais soberbo, mal levantando os lábios, àqueles miseráveis que interrompem seu próprio sono para esperar o de outro!

5. Podemos dizer que se aplicam a verdadeiros deveres aqueles que desejam ter total intimidade diariamente com Zenão,[32] com Pitágoras[33] e Demócrito,[34] e outros supervisores das boas artes, como Aristóteles[35] e Teofrasto.[36] Nenhum destes estará ocupado, nenhum vai se despedir de quem os procura sem torná-lo mais feliz, mais amante de si mesmo, nenhum permitirá que alguém parta de mãos vazias; eles podem ser encontrados por todos os mortais de noite e de dia.

---

32. Há dois filósofos importantes chamados Zenão: Zenão de Eleia, filósofo pré-socrático a quem Aristóteles credita a invenção da dialética, e Zenão de Cítio, fundador da escola estoica, em 300 a.C., da qual Sêneca é um dos dois principais expoentes romanos.
33. Filósofo e matemático grego no século VI a.C., dito fundador do pitagorismo.
34. Filósofo pré-socrático grego, famoso pela teoria do atomismo.
35. Um dos mais famosos filósofos da Antiguidade. Foi aluno de Platão e professor de Alexandre, o Grande. Sua contribuição à filosofia e a diversas áreas do conhecimento humano é inestimável.
36. Principal aluno de Aristóteles, sucedeu-o como chefe da escola peripatética.

XV.

1. Horum te mori nemo coget, omnes docebunt; horum nemo annos tuos conterit, suos tibi contribuit; nullius ex his sermo periculosus erit, nullius amicitia capitalis, nullius sumptuosa obseruatio. Feres ex illis quicquid uoles; per illos non stabit quominus quantum plurimum cupieris haurias. 2. Quae illum felicitas, quam pulchra senectus manet, qui se in horum clientelam contulit! Habebit cum quibus de minimis maximisque rebus deliberet, quos de se cotidie consulat, a quibus audiat uerum sine contumelia, laudetur sine adulatione, ad quorum se similitudinem effingat. 3. Solemus dicere non fuisse in nostra potestate quos sortiremur parentes, forte nobis datos: bonis uero ad suum arbitrium nasci licet. Nobilissimorum ingeniorum familiae sunt: elige in quam adscisci uelis; non in nomen tantum adoptaberis, sed in ipsa bona, quae non erunt sordide nec maligne custodienda: maiora fient quo illa pluribus diuiseris. 4. Hi tibi dabunt ad aeternitatem iter et te in illum locum ex quo nemo deicitur subleuabunt. Haec una ratio est extendendae mortalitatis, immo in immortalitatem uertendae. Honores, monumenta, quicquid aut decretis ambitio iussit aut operibus exstruxit cito subruitur, nihil non longa demolitur uetustas et mouet; at iis quae consecrauit sapientia nocere non potest; nulla abolebit aetas, nulla deminuet; sequens ac deinde semper ulterior aliquid ad uenerationem conferet, quoniam quidem in uicino uersatur inuidia, simplicius longe posita miramur. 5. Sapientis ergo multum patet uita; non idem illum qui ceteros terminus cludit; solus generis humani legibus soluitur; omnia illi saecula ut deo seruiunt. Transiit tempus aliquod? hoc recordatione comprendit; instat? hoc utitur; uenturum est? hoc praecipit. Longam illi uitam facit omnium temporum in unum collatio.

XV. 1. Nenhum destes forçará a sua morte, todos lhe ensinarão a morrer; nenhum destes consumirá os seus anos, mas lhe cederão seus próprios anos; de nenhum destes a conversa será perigosa, de nenhum a amizade será fatal, de nenhum o estudo será custoso. Você levará deles tudo o que quiser; não lhe impedirão de tirar deles tudo que desejar levar. 2. Que felicidade, que bela velhice será a de quem se juntou à clientela destes! Terá com quem refletir sobre todos os tipos de questões, das menores às maiores, quem consultar sobre si mesmo cotidianamente, de quem ouvir a verdade sem insulto, elogio sem adulação, a quem se moldar em semelhança. 3. Costumamos dizer que não estava em nosso poder escolher nossos pais, são nos dados pelo acaso; no entanto, é permitido a nós nascer por nossa própria escolha. Existem famílias dos engenhos mais nobres: escolha em qual delas você deseja ser recebido; receberá não apenas o nome, mas também os próprios bens, que não devem ser vigiados de modo sórdido e mesquinho: se tornarão maiores quanto mais você os compartilhar. 4. Estes lhe darão o caminho para a eternidade e o levarão àquele lugar do qual ninguém decai. Esta é a única maneira de estender a vida mortal, e de até transformá-la em imortalidade. As honras, os monumentos, tudo que a ambição impôs por decretos ou construiu por esforços logo cairá em ruínas: não há nada que uma longa velhice não transforme ou destrua, mas ela não pode prejudicar aquilo que a sabedoria consagrou: nenhuma idade destruirá, nenhuma diminuirá, mas a época seguinte e as sucessivas sempre vão venerá-lo, pois é fato que a inveja só se importa com o que lhe é vizinho, e admiramos com mais leveza o que está longe. 5. Portanto, a vida do sábio é bastante extensa, o fim não é o mesmo para ele e para os demais. Só ele está livre das leis do gênero humano; todos os séculos servem-no como a um deus. Transcorreu algum tempo? Ele o guarda em recordação. Acontece agora? Ele o usa. Há de acontecer? Ele o antecipa. A reunião de todos os tempos em um único torna longa a vida dele.

XVI.

1. Illorum breuissima ac sollicitissima aetas est qui praeteritorum obliuiscuntur, praesentia neglegunt, de futuro timent: cum ad extrema uenerunt, sero intellegunt miseri tam diu se dum nihil agunt occupatos fuisse. 2. Nec est quod hoc argumento probari putes longam illos agere uitam, quia interdum mortem inuocant: uexat illos imprudentia incertis affectibus et incurrentibus in ipsa quae metuunt; mortem saepe ideo optant quia timent. 3. Illud quoque argumentum non est quod putes diu uiuentium, quod saepe illis longus uidetur dies, quod, dum ueniat condictum tempus cenae, tarde ire horas queruntur; nam si quando illos deseruerunt occupationes, in otio relicti aestuant nec quomodo id disponant ut extrahant sciunt. Itaque ad occupationem aliquam tendunt et quod interiacet omne tempus graue est, tam me hercules quam cum dies muneris gladiatorii edictus est, aut cum alicuius alterius uel spectaculi uel uoluptatis exspectatur constitutum, transilire medios dies uolunt.

XVI.

1. É brevíssima e agitadíssima a vida daqueles que se esquecem do passado, negligenciam o presente e temem o futuro; quando chegam ao fim, esses infelizes percebem tardiamente que estiveram ocupados por tão longo tempo enquanto não faziam nada. 2. Não há motivo para achar que eles vivem uma longa vida porque algumas vezes invocam a morte. Atormenta-os a imprudência a respeito das emoções instáveis e que incorrem justamente nas coisas que temem: por isso frequentemente optam pela morte, porque a temem. 3. Também não há motivo para você achar que é um argumento de que vivem muito tempo porque às vezes o dia lhes parece longo, ou porque queixam-se de que as horas tardam para passar até a chegada do jantar; pois se por acaso as ocupações os abandonam, incomodam-se abandonados no ócio, e não sabem como dispor dele ou gastá-lo. E assim tendem a qualquer ocupação e é um fardo todo o tempo entre uma e outra. Por Hércules, tal qual quando se decidiu o dia de uma disputa de gladiadores, ou quando se espera pelo dia de qualquer outro espetáculo ou distração: querem pular os dias que faltam, pois para eles é um longo atraso tudo aquilo que se espera.

4. Omnis illis speratae rei longa dilatio est; at illud tempus quod amant breue est et praeceps breuiusque multo, suo uitio; aliunde enim alio transfugiunt et consistere in una cupiditate non possunt. Non sunt illis longi dies, sed inuisi; at contra quam exiguae noctes uidentur, quas in complexu scortorum aut uino exigunt! 5. Inde etiam poetarum furor fabulis humanos errores alentium, quibus uisus est Iuppiter uoluptate concubitus delenitus duplicasse noctem; quid aliud est uitia nostra incendere quam auctores illis inscribere deos et dare morbo exemplo diuinitatis excusatam licentiam? Possunt istis non breuissimae uideri noctes quas tam care mercantur? Diem noctis exspectatione perdunt, noctem lucis metu.

4. Mas aquele momento que amam é breve e fugaz, e torna-se muito mais breve por sua própria culpa: de fato trafegam de um desejo a outro e não conseguem manter-se em um só. Para eles os dias não são longos, mas detestáveis; porém, ao contrário, quão curtas lhes parecem as noites, que passam no abraço das prostitutas ou no vinho! 5. Daí também o delírio dos poetas, que com suas fábulas alentam os erros humanos, segundo os quais Júpiter teria duplicado a duração da noite por estar inebriado pelo desejo de sexo.[37] Que outra coisa é senão inflamar nossos vícios quando se imputam os deuses como seus autores e dar à doença uma licença justificada pelo exemplo da divindade? A estes podem as noites não parecerem brevíssimas, já que as compram tão caro? Perdem o dia à espera da noite; perdem a noite por medo da luz.

---

37. Quando Júpiter seduziu Alcmena, travestido como seu marido, Anfitrião. Nessa ocasião Júpiter fez com que a noite durasse duas ou três vezes mais, para aproveitar a companhia de Alcmena. Dessa união nasceu Hércules.

XVII.

1. Ipsae uoluptates eorum trepidae et uariis terroribus inquietae sunt subitque cum maxime exsultantis sollicita cogitatio: "Haec quam diu?" Ab hoc affectu reges suam fleuere potentiam, nec illos magnitudo fortunae suae delectauit, sed uenturus aliquando finis exterruit. 2. Cum per magna camporum spatia porrigeret exercitum nec numerum eius sed mensuram comprenderet Persarum rex insolentissimus, lacrimas profudit, quod intra centum annos nemo ex tanta iuuentute superfuturus esset; at illis admoturus erat fatum ipse qui flebat perditurusque alios in mari alios in terra, alios proelio alios fuga, et intra exiguum tempus consumpturus illos quibus centesimum annum timebat. 3. Quid quod gaudia quoque eorum trepida sunt? Non enim solidis causis innituntur, sed eadem qua oriuntur uanitate turbantur. Qualia autem putas esse tempora etiam ipsorum confessione misera, cum haec quoque quibus se attollunt et super hominem efferunt parum sincera sint?

XVII. 1. Seus próprios prazeres são agitados e perturbados por vários terrores, e, quando estão no máximo do vigor, assalta-lhes um pensamento inquieto: "até quando?". Por causa desse sentimento, reis lamentaram seu poder, nem a magnitude de sua sorte pôde deleitá-los, mas o fim que viria em algum momento os aterrorizou. Ao espalhar seu exército por vastos espaços de terra, sem poder compreender seu número, apenas sua extensão, o mais insolente rei dos persas afundou-se em lágrimas, porque num espaço de cem anos não restaria ninguém dentre tantos jovens que estaria vivo.[38] 2. Mas ele próprio, que chorava, estava prestes a instá-los para seu destino, e faria morrer uns no mar, outros na terra, outros em combate, outros na retirada, e dentro de pouco tempo haveria de matar aqueles pelos quais temia o centésimo ano. 3. Por que também são temerosas suas alegrias? Não só não se apoiam em causas sólidas, mas também são perturbadas pelo mesmo vazio do qual se originam. Como você pensa que são os momentos que eles próprios confessam serem infelizes, uma vez que aqueles outros, com os quais se elevam e transportam acima da humanidade, parecem pouco sinceros?

---

38. Xerxes, que foi derrotado pelos gregos, sob liderança dos atenienses, em 480 e 479 a.C. Cf. Heródoto, VII, 45-46.

4. Maxima quaeque bona sollicita sunt nec ulli fortunae minus bene quam optimae creditur; alia felicitate ad tuendam felicitatem opus est et pro ipsis quae successere uotis uota facienda sunt. Omne enim quod fortuito obuenit instabile est: quod altius surrexerit, opportunius est in occasum. Neminem porro casura delectant; miserrimam ergo necesse est, non tantum breuissimam uitam esse eorum qui magno parant labore quod maiore possideant. 5. Operose assequuntur quae uolunt, anxii tenent quae assecuti sunt; nulla interim numquam amplius redituri temporis ratio est: nouae occupationes ueteribus substituuntur, spes spem excitat, ambitionem ambitio. Miseriarum non finis quaeritur, sed materia mutatur. Nostri nos honores torserunt? plus temporis alieni auferunt; candidati laborare desiimus? suffragatores incipimus; accusandi deposuimus molestiam? iudicandi nanciscimur; iudex desiit esse? quaesitor est; alienorum bonorum mercennaria procuratione consenuit? suis opibus distinetur.

4. Todas as maiores bênçãos são motivo de inquietação e não se deve confiar na fortuna, muito menos quando ela é boa; uma outra felicidade é necessária para fomentar a felicidade e devem-se fazer votos pelos votos alcançados. Em verdade, tudo que acontece pelo acaso é instável, quanto mais elevado é algo, mais exposto está à queda. Ora, a eventual queda não agrada a ninguém; portanto é evidente que é extremamente infeliz, e não apenas extremamente breve, a vida destes que obtêm com grande esforço aquilo que guardam com um esforço ainda maior. Sofregamente conseguem o que desejam, angustiados conservam o que conseguiram. 5. Enquanto isso, não se dão conta do tempo que nunca voltará. Novas ocupações substituem as antigas, uma esperança suscita outra esperança, uma ambição, outra ambição. Não se busca o fim das infelicidades, mas muda-se de assunto. Nossos cargos nos atormentam? Os dos outros nos tomam mais tempo. Deixamos de sofrer como candidatos? Começamos como partidários. Abandonamos a moléstia de acusar? Encontramos a de julgar. Desiste de ser juiz? Agora é questor.[39] Envelheceu como administrador remunerado dos bens alheios? Ocupa-se agora com suas riquezas.

---

39. Cargo político, primeiro degrau na hierarquia pública romana, era responsável pela cobrança de impostos.

6. Marium caliga dimisit? consulatus exercet; Quintius dictaturam properat peruadere? ab aratro reuocabitur. Ibit in Poenos nondum tantae maturus rei Scipio; uictor Hannibalis uictor Antiochi, sui consulatus decus fraterni sponsor, ni per ipsum mora esset, cum Ioue reponeretur: ciuiles seruatorem agitabunt seditiones et post fastiditos a iuuene diis aequos honores iam senem contumacis exilii delectabit ambitio. Numquam derunt uel felices uel miserae sollicitudinis causae; per occupationes uita trudetur; otium numquam agetur, semper optabitur.

6. A farda deixou Mário?[40] O consulado o ocupa. Quíncio[41] apressa-se para escapar do posto de ditador? Será reconvocado do arado. Cipião[42] marchará contra os cartagineses ainda sem maturidade para tamanha empresa; vencedor de Hannibal,[43] vencedor de Antíoco,[44] orgulho de seu consulado, patrono do seu irmão, não fosse por sua própria vontade, seria colocado ao lado de Júpiter; as lutas civis avançarão contra o salvador da pátria e, depois dos desprazeres, quando jovem, honras iguais aos dos deuses, já quando velho, será feliz com o desejo de um exílio altivo. Nunca faltarão causas, alegres ou tristes, para a inquietude; a vida será destruída pelas ocupações. O bom ócio nunca será fruído, sempre será desejado.

---

40. Gaio Mário foi um importante general e cônsul romano. Lutou na guerra contra Jugurta e ocupou o cargo de cônsul sete vezes.
41. Lúcio Quíncio Cincinato viveu entre os séculos VI e V a.C. Foi convocado para ser ditador e salvar o exército romano; uma vez cumprida a tarefa, não perseguiu mais poderes e prontamente voltou para o campo, tornando-se exemplo de virtude para os romanos.
42. Cipião Africano Maior, general romano durante a Segunda Guerra Púnica.
43. Haníbal foi general e político cartaginês. Liderou seus exércitos contra os romanos durante a Segunda Guerra Púnica, quase sagrando-se vencedor.
44. Antíoco III, o Grande, líder do império Seleucida, lutou contra a república romana entre os anos de 192 e 188 a.C.

XVIII.

1. Excerpe itaque te uulgo, Pauline carissime, et in tranquilliorem portum non pro aetatis spatio iactatus tandem recede. Cogita quot fluctus subieris, quot tempestates partim priuatas sustinueris, partim publicas in te conuerteris; satis iam per laboriosa et inquieta documenta exhibita uirtus est; experire quid in otio faciat. Maior pars aetatis, certe melior rei publicae datast: aliquid temporis tui sume etiam tibi. 2. Nec te ad segnem aut inertem quietem uoco, non ut somno et caris turbae uoluptatibus quicquid est in te indolis uiuidae mergas; non est istud adquiescere: inuenies maiora omnibus adhuc strenue tractatis operibus, quae repositus et securus agites. 3. Tu quidem orbis terrarum rationes administras tam abstinenter quam alienas, tam diligenter quam tuas, tam religiose quam publicas. In officio amorem consequeris, in quo odium uitare difficile est; sed tamen, mihi crede, satius est uitae suae rationem quam frumenti publici nosse. 4. Istum animi uigorem rerum maximarum capacissimum a ministerio honorifico quidem sed parum ad beatam uitam apto reuoca, et cogita non id egisse te ab aetate prima omni cultu studiorum liberalium ut tibi multa milia frumenti bene committerentur; maius quiddam et altius de te promiseras. Non derunt et frugalitatis exactae homines et laboriosae operae; tanto aptiora [ex]portandis oneribus tarda iumenta sunt quam nobiles equi, quorum generosam pernicitatem quis umquam graui sarcina pressit?

XVIII.

1. Portanto, caríssimo Paulino, afaste-se do vulgo, e depois de acossado mais do que o espaço de seus anos demonstra, retire-se enfim para um porto mais tranquilo. Pense em quantas vagas lhe acossaram, quantas tempestades privadas, que você suportou, ou públicas, que você provocou. A sua virtude já foi demonstrada por provas laboriosas e inquietas: experimente o que ela pode fazer no ócio. A maior parte da vida, certamente a melhor parte, foi dada à República; tome também um pouco do seu tempo para si. 2. Não lhe convoco para um repouso estéril ou inerte nem para que você afogue no sono e nos prazeres caros à turba o que há em ti de uma índole vigorosa. Isso não é estar em sossego; você encontrará tarefas mais importantes do que todas que até agora operou diligentemente, às quais se dedicará descansado e tranquilo. 3. Você realmente administra as contas do mundo de forma tão altruística como as alheias, tão diligente como as suas, tão escrupulosa como o Estado. Você consegue amor em um cargo em que é difícil evitar o ódio; no entanto, acredite em mim, mais vale conhecer a conta da sua vida do que do celeiro público. 4. Resgate esse vigor da alma, altamente capaz das maiores coisas, de um cargo certamente honroso, mas pouco apto a uma vida feliz, e pense que você não se dedicou desde a mais tenra infância aos estudos liberais para que lhe fossem confiados muitos milhares de grãos. Você tinha esperanças de algo maior e mais elevado de si mesmo. Não faltarão homens de pródiga frugalidade e esforço laborioso. São bem mais aptos a carregar cargas os lentos jumentos do que os nobres cavalos, e quem nunca oprimiu a generosa agilidade deles com um fardo pesado?

5. Cogita praeterea quantum sollicitudinis sit ad tantam te molem obicere: cum uentre tibi humano negotium est; nec rationem patitur nec aequitate mitigatur nec ulla prece flectitur populus esuriens. Modo modo intra paucos illos dies quibus C. Caesar periit (si quis inferis sensus est) hoc grauissime ferens quod decedebat populo Romano superstite, septem aut octo certe dierum cibaria superesse! Dum ille pontes nauibus iungit et uiribus imperi ludit, aderat ultimum malorum obsessis quoque, alimentorum egestas; exitio paene ac fame constitit et, quae famem sequitur, rerum omnium ruina furiosi et externi et infeliciter superbi regis imitatio. 6. Quem tunc animum habuerunt illi quibus erat mandata frumenti publici cura, saxa, ferrum, ignes, Gaium excepturi? Summa dissimulatione tantum inter uiscera latentis mali tegebant, cum ratione scilicet: quaedam enim ignorantibus aegris curanda sunt, causa multis moriendi fuit morbum suum nosse.

5. Mais ainda, pense em quanta preocupação não lhe recai por causa de tamanha carga: você lida com estômago das pessoas. O povo esfomeado não cede à razão, nem se acalma pela justiça, nem se dobra por algum pedido. Muito recentemente, poucos dias depois de C. César[45] ter morrido, sofrendo pesadissimamente (se é que os mortos sentem algo), porque sabia que o povo romano que restou tinha provisões para sete ou talvez oito dias enquanto ele construía pontes com navios e brincava com as reservas do império, chegou-nos o pior dos males, como se estivéssemos sitiados: a escassez de alimentos. A infeliz imitação de um rei soberbo, estrangeiro e louco quase causou a destruição e a fome, e o que se segue à fome: a ruína de todas as coisas. 6. E então qual não era o ânimo daqueles a quem foi encarregada responsabilidade sobre os grãos públicos, e tendo que enfrentar pedras, ferro, incêndios e Caio César? Com a maior dissimulação encobriam um enorme mal incrustado entre as vísceras do Estado, e certamente com razão. Pois algumas doenças devem ser curadas sem que os pacientes saibam: a causa da morte de muitos foi conhecer a sua doença.

---

45. Lúcio Caio César Calígula, imperador romano entre os anos de 37 e 41 d.C.

XIX.

1. Recipe te ad haec tranquilliora, tutiora, maiora! Simile tu putas esse, utrum cures ut incorruptum et a fraude aduehentium et a neglegentia frumentum transfundatur in horrea, ne concepto umore uitietur et concalescat, ut ad mensuram pondusque respondeat, an ad haec sacra et sublimia accedas sciturus quae materia sit dei, quae uoluptas, quae condicio, quae forma; quis animum tuum casus exspectet; ubi nos a corporibus dimissos natura componat; quid sit quod huius mundi grauissima quaeque in medio sustineat, supra leuia suspendat, in summum ignem ferat, sidera uicibus suis excitet; cetera deinceps ingentibus plena miraculis? 2. Vis tu relicto solo mente ad ista respicere! Nunc, dum calet sanguis, uigentibus ad meliora eundum est. Exspectat te in hoc genere uitae multum bonarum artium, amor uirtutum atque usus, cupiditatum obliuio, uiuendi ac moriendi scientia, alta rerum quies.

XIX.

1. Recolha-se a estas atividades mais tranquilas, seguras, maiores! Por acaso você considera que sejam semelhantes o cuidar que o trigo seja transportado para o celeiro, intacto e distante tanto do roubo como da negligência dos carregadores, para que não se estrague pela umidade interna e esteja seco, para que seu peso corresponda à medida, e ascender até as coisas sagradas e sublimes para conhecer a substância de deus, qual é a sua vontade, sua condição, sua forma, que destino aguardará a sua alma, onde a natureza nos ajuntará depois de perdermos nossos corpos, o que é que sustenta as coisas mais pesadas deste mundo no meio, no alto suspende as leves, leva o fogo para a parte mais elevada, impele os astros em suas mudanças, e tantas outras coisas cheias de enormes maravilhas? 2. Deixando o chão para trás, você quer contemplar essas coisas com a mente! Agora, enquanto o sangue está quente, os vigorosos devem rumar às melhores ocupações. Neste tipo de vida, aguardam-lhe muitas belas-artes, o amor e a prática das virtudes, o esquecimento dos desejos, o conhecimento do viver e do morrer, a elevada paz.

XX. 1. Omnium quidem occupatorum condicio misera est, eorum tamen miserrima, qui ne suis quidem laborant occupationibus, ad alienum dormiunt somnum, ad alienum ambulant gradum, amare et odisse, res omnium liberrimas, iubentur. Hi si uolent scire quam breuis ipsorum uita sit, cogitent ex quota parte sua sit. 2. Cum uideris itaque praetextam saepe iam sumptam, cum celebre in foro nomen, ne inuideris: ista uitae damno parantur. Vt unus ab illis numeretur annus, omnis annos suos conterent. Quosdam antequam in summum ambitionis eniterentur, inter prima luctantis aetas reliquit; quosdam, cum in consummationem dignitatis per mille indignitates erepsissent, misera subiit cogitatio laborasse ipsos in titulum sepulcri; quorundam ultima senectus, dum in nouas spes ut iuuenta disponitur, inter conatus magnos et improbos inualida defecit. 3. Foedus ille quem in iudicio pro ignotissimis litigatoribus grandem natu et imperitae coronae assensiones captantem spiritus liquit; turpis ille qui uiuendo lassus citius quam laborando inter ipsa officia collapsus est; turpis quem accipiendis immorientem rationibus diu tractus risit heres.

XX. 1. Realmente é triste a condição de todas as pessoas ocupadas, no entanto, a mais infeliz é a daqueles que sequer sofrem por suas próprias ocupações, mas dormem de acordo com o sono alheio, andam o passo alheio, são ordenados a amar e odiar, estes os sentimentos mais livres. Essas pessoas, se desejam saber quão breve é a própria vida, considerem quão pequena é a sua parte de fato. 2. Portanto, quando você vir alguém usando uma toga pretexta[46] já com frequência, um nome célebre no fórum, não os inveje: essas coisas são alcançadas ao custo da vida. Para que um único ano seja datado em homenagem a eles, consumirão todos os seus anos.[47] A uns a vida abandonou entre as primeiras lutas antes que escalassem o cume da ambição; a outros, que se arrastaram por mil vergonhas até a consumação das honras, de repente lhes advém um pensamento infeliz de que trabalharam tanto para uma inscrição em um túmulo; a extrema velhice de alguns, enquanto se ajustavam a novas esperanças como se fossem jovens, desfez-se impotente entre grandes e insaciáveis empresas. 3. É repulsivo aquele que, já bastante idoso, perde o fôlego no tribunal em defesa de litigantes totalmente desconhecidos, desejoso de capturar a atenção de uma audiência ignorante; é torpe aquele que colapsa no meio de seus próprios deveres quando seu modo de vida o fez exausto mais rápido do que o seu trabalho; é torpe quem morre recebendo seu quinhão enquanto o herdeiro desprezado por muito tempo ri.

---

46. Toga branca com faixas roxas, um traje formal e reservado a altos cargos dentro da sociedade romana.
47. Era costume entre os romanos não dizer os anos pelo número, mas sim por quem havia sido cônsul naquela data.

4. Praeterire quod mihi occurrit exemplum non possum: Turannius fuit exactae diligentiae senex, qui post annum nonagesimum, cum uacationem procurationis ab C. Caesare ultro accepisset, componi se in lecto et uelut exanimem a circumstante familia plangi iussit. Lugebat domus otium domini senis nec finiuit ante tristitiam quam labor illi suus restitutus est. Adeone iuuat occupatum mori? 5. Idem plerisque animus est; diutius cupiditas illis laboris quam facultas est; cum imbecillitate corporis pugnant, senectutem ipsam nullo alio nomine grauem iudicant quam quod illos seponit. Lex a quinquagesimo anno militem non legit, a sexagesimo senatorem non citat: difficilius homines a se otium impetrant quam a lege. 6. Interim dum rapiuntur et rapiunt, dum alter alterius quietem rumpit, dum mutuo miseri sunt, uita est sine fructu, sine uoluptate, sine ullo profectu animi; nemo in conspicuo mortem habet, nemo non procul spes intendit, quidam uero disponunt etiam illa quae ultra uitam sunt, magnas moles sepulcrorum et operum publicorum dedicationes et ad rogum munera et ambitiosas exsequias. At me hercules istorum funera, tamquam minimum uixerint, ad faces et cereos ducenda sunt.

4. Não posso omitir um exemplo que me ocorre: Sexto Turânio[48] foi um idoso de comprovada diligência, que depois dos noventa anos, tendo recebido de Caio César a dispensa de seu cargo, ordenou que fosse colocado na cama e que a família em volta dele o pranteasse como se estivesse morto. A casa lamentava a inatividade de seu velho senhor e a tristeza não teve fim até que o trabalho que amava lhe fosse restituído. Por acaso é proveitoso morrer ocupado? 5. Muitas pessoas têm o mesmo ímpeto: o desejo de trabalhar dura muito mais tempo do que a capacidade, lutam contra a fraqueza do corpo, julgam que a própria velhice é fardo por nenhuma outra razão senão de que ela os coloca de lado. A lei não alista um soldado depois dos cinquenta anos, não convoca um senador aos sessenta; as pessoas são mais difíceis para dar folga a si mesmas do que a lei. 6. Neste ínterim, enquanto roubam e são roubados, enquanto um destrói a paz do outro, enquanto se tornam mutuamente infelizes, a vida não tem fruto; sem prazer, sem qualquer proveito para a alma. Ninguém tem a morte no horizonte, ninguém se furta a estender longamente as esperanças; de fato, alguns até mesmo organizam coisas que estão além da vida: túmulos enormes, dedicatórias de obras públicas, oferendas às suas piras mortuárias e funerais ambiciosos. Mas, por Hércules, os funerais dessas pessoas deveriam ser acompanhados por tochas e círios,[49] como se tivessem vivido por pouquíssimo tempo.

---

48. Antecessor de Paulino, destinatário deste texto, como *praefectus annonae*, ou seja, supervisor de provisões.
49. Como eram feitos os funerais de crianças.

Este livro foi impresso pela Gráfica PifferPrint
nas fontes Minion Pro e Roman SD
sobre papel Pólen Bold 90 g/m²
para a Edipro no verão de 2025.